JN312366

幼児期・学齢期に
発達障害のある子どもを
支援する

豊かな保育と教育の
創造をめざして

小川英彦 編著

ミネルヴァ書房

はじめに

　幼児期においては保育所や幼稚園，そして通園施設などでの障害児保育が今各地で広まりつつあります。障害児保育の今日までの歩みをふりかえりますと，大きな転換期があったことに気づかされます。それは，1974年に厚生省（現：厚生労働省）が「障害児保育事業実施要綱」を定め，障害児保育が制度化されたことです。そこでは，軽度という限定はあったものの，障害児の受け入れが公に認められていった点で画期的な意義がありました。それから30年余の月日が経過する中で，保育所や幼稚園での統合保育，通園施設や特別支援学校幼稚部での分離保育といったように障害児保育の形態は多様になって発展してきました。これら統合保育にしても分離保育にしても，それぞれに専門性をもつことで，可能な限り障害のある幼児の実態に応じた指導を進めその子の発達を保障してきています。

　ところで，学齢期に目をやると，2007年4月から「特別支援教育」がスタートしました。それまで長年「特殊教育」と称されていた障害児のための教育が大きく転換したことになります。それは，従来の対象としてきた障害に新たに軽度発達障害が加えられたことなどに特徴があります。この軽度発達障害については文部科学省の調査で，通常学級に6.3%の子どもが相当すると指摘されています。さらに，幼児期から学齢期にかけてといったライフステージでの支援が唱えられているのも特徴です。

　昨今での園における対象児については，保育所や幼稚園では「気になる子ども」と称され，その指導・援助がクローズアップされつつあります。このことは学校教育では新たに「特別な教育的ニーズをもつ子ども」と指摘されるようになり注目されています。つまり，これらの両者がさす子どもたちは，発達障害のある子どもはもちろんのこと，落ち着きのない，多動，不登園（校），外国籍，虐待，緘黙などの多様な子どもたちを意味します。これらの子どもの中には，LD（学習障害），ADHD（注意欠陥多動性障害），AS（アスペルガー症候群）などの軽度発達障害のある子どもが含まれています。

はじめに

　本書では以上のような幼児期と学齢期の新しい状況に対応できるように構成してみました。たとえば，障害児保育の内容の章では，軽度発達障害幼児の理解と指導・援助を，障害児教育の内容の章では，特別支援教育の理念を取り上げてみました。

　また，今日，障害児の保育と教育をめぐっては，「幼小の連携」「ライフステージ」という視点がひとつのキーワードにもなりつつあります。障害児の発達をより保障するためには，この両時期の移行がスムーズになる必要があります。また，一生涯という視点からそれぞれの立場で地域ネットワークのもとで専門性を発揮して最大限に努力する必要も求められています。だからこそ，本書においては，単に障害児保育にとどまるのではなく，障害児教育とともに扱おうと考えました。換言すれば，教育と福祉の結びつきを重要視しようとする視点になりましょう。

　幼児期と学齢期の各々の章では，単に理論面だけに終始するのではなく，実践面も加えて載せるように配慮しました。この実践については，できるだけ幅広く取り上げたいという趣旨から，保育所，幼稚園，通園施設，そして，小学校，特別支援学校での新進気鋭の実践を紹介しています。また，時代の要請にあわせてコラムを加えてみました。こうしたことで読者のみなさまには園や学校での今日的な実践課題を解決できるのではないか，明日の指導方法への糸口になるのではないかと考えたからです。

　本書は，以上のような意図から執筆してみました。ここでは，多様な障害のうち，園や学校に多くみられる発達障害を念頭に置いて述べてみました。その中でも特に知的障害をとりあえず前提にして各章を述べるようにしました。本書の題名をそうしたのもこのような理由からです。

　ささやかな本書の試みですが，園や学校で発達障害のある子どもたちのために一生懸命に取り組まれていらっしゃる先生方の指導上の参考書となるように，さらに，これから将来において先生を熱望している学生諸君のテキストとなるようにと考えたからです。私どもの執筆が，発達障害のある子どもたちのかけがえのない成長につながればと思うばかりです。

編著者

目　次

はじめに

Ⅰ　幼児期における障害のある子ども支援
―― ライフステージにおける"発達の礎"を築く ――

第1章　障害児保育の歩み……………………………………………2
1　戦前における障害児保育の萌芽……………………………2
2　戦後における障害児保育の展開……………………………7
3　社会福祉制度改革に影響される障害児保育のあり方………11

第2章　障害児保育の現状………………………………………15
1　障害児を取り巻く保育・教育の法制度と教育システム…………15
2　保育行政の動向……………………………………………20
3　乳幼児保育・教育機関の子どもを取り巻く現状………………21
4　障害児保育制度の課題……………………………………24

第3章　障害児保育の内容………………………………………27
1　障害児保育の考え方………………………………………27
2　集団と個別の配慮…………………………………………29
3　障害幼児に合わせた保育内容……………………………31
4　卒園後の就学に向けて……………………………………35
5　「気になる行動」「困った行動」についての理解………………36
6　軽度発達障害幼児の保育…………………………………38
7　インクルージョン保育をめざして……………………………40

コラム1　障害の早期発見から対応へ……………………………42

目　次

第4章　障害児保育の実際　Ⅰ——知的障害児通園施設での取り組み ……43
　1　施設の概要 ……………………………………………………………43
　2　子どもの模倣と職員の関わりについて ……………………………44
　3　実践を通して——まとめと今後 ……………………………………48

第5章　障害児保育の実際　Ⅱ——幼稚園での取り組み ………………51
　1　発達障害児への理解と育ちの援助 …………………………………51
　2　からだの不自由な子どもの保育 ……………………………………57
　3　まとめ——たくさんの連携 …………………………………………61

第6章　障害児保育の実際　Ⅲ——保育所での取り組み ………………63
　1　保育所の一日 …………………………………………………………63
　2　子どもたちと先生 ……………………………………………………67
　3　保育所の一年 …………………………………………………………71
　4　地域に開かれた園として ……………………………………………72

第7章　障害幼児の親支援 …………………………………………………77
　1　障害のある子をもつということ ……………………………………77
　2　子どもの理解と援助 …………………………………………………82
　3　家族に対しての基本的姿勢 …………………………………………83
　4　保育者としての役割 …………………………………………………85

　コラム2　幼小の連携や移行 ……………………………………………89

Ⅱ　学齢期における障害のある子ども支援
——ライフステージにおける"自立"に向けて——

第1章　障害児教育の歩み …………………………………………………92
　1　戦前の障害児教育 ……………………………………………………92
　2　戦後特殊教育の形成と展開 …………………………………………96

3　統合的環境整備要求と特別支援教育への転換 …………………103
　　4　まとめ ………………………………………………………………105

第2章　障害児教育の現状 ……………………………………………………107
　　1　学校教育法の一部改正 ……………………………………………107
　　2　特別支援教育の理念 ………………………………………………110
　　3　義務教育段階での特別支援教育システムの現状 ………………110

第3章　障害児教育の内容 ……………………………………………………119
　　1　特別支援教育の理念 ………………………………………………119
　　2　教育課程づくり ……………………………………………………120
　　3　授業づくり …………………………………………………………121
　　4　青年期教育における教育内容づくり ……………………………130

　コラム3　個別指導計画をめぐって ………………………………………135

第4章　障害児教育の実際　Ⅰ──小学校の特別支援学級での取り組み…136
　　1　聞くこと・読むことの指導 ………………………………………136
　　2　書くことの指導 ……………………………………………………142
　　3　エピソード …………………………………………………………144

第5章　障害児教育の実際　Ⅱ ………………………………………………149
　　　　──特別支援学校（中学部）での取り組み
　　1　中学部教育課程の特徴 ……………………………………………149
　　2　作業学習の実際 ……………………………………………………156

第6章　障害児の就労支援 ……………………………………………………161
　　1　障害者の雇用制度 …………………………………………………161
　　2　障害者雇用の実態 …………………………………………………164

3　福祉的就労の現状と課題 …………………………………166
　4　障害者雇用促進の新しい制度 ………………………………167
　5　学校から就労への移行支援 …………………………………169
　6　今後の課題 ……………………………………………………171

　コラム4　海外での家族支援の状況（米国）……………………173

第7章　障害児の地域支援 ……………………………………………174
　1　青年期以降の地域支援と余暇活動支援 ……………………174
　2　青年期の家庭生活と余暇支援 ………………………………176
　3　余暇支援のサポーターとして ………………………………178
　4　今後の課題と方向 ……………………………………………184

おわりに ………………………………………………………………187

Ⅰ

幼児期における障害のある子ども支援

――ライフステージにおける"発達の礎"を築く――

第 1 章

障害児保育の歩み

　障害のある幼児の保育は，特別支援学校幼稚部，障害児通園施設など障害児を対象とするものと，保育所や幼稚園における統合保育など多岐にわたります。また，障害の早期発見につながる乳幼児健診なども障害児保育に深く関わるものです。そのような障害児保育の歩みについて，本章では戦前から現在までを制度と実践に着目して概説します。戦前に関しては，盲唖学校幼稚科（予科）の設置，障害児保育の先達者である三木安正を中心とした保育問題研究会や愛育研究所異常児保育室の活動から看取される障害児保育の萌芽，公的障害児保育事業の拡充に関する日本心理学会の建議などについて概観します。戦後に関しては，文部省や厚生省（いずれも当時）における養護学校義務制実施に向けた障害児保育振興に関する諸施策，特殊教育諸学校（現在の特別支援学校）幼稚部の設置状況，障害の早期発見・早期対応，就学保障運動の一環としての障害児保育の取り組み，「障害者プラン」，障害者自立支援法の影響などについて言及します。

1　戦前における障害児保育の萌芽

（1）盲唖学校予科・幼稚科の設置

　日本の学校教育において障害のある幼児（以下，障害児）への保育は，1916（大正5）年に京都市立盲唖院聾唖部（1878年設立の日本で最も古い障害児のための学校。現在の京都府立盲学校，同ろう学校の前身）に設置された幼稚科が端緒となります。この聾唖部幼稚科では，主として発音教育が行われ，1921（大正10）年度入学の小学部一年生から正式に口話（発音）教育が開始されました。そして，1926（大正15）年には，日本で最初の聴覚障害児のための幼稚園として，

京都盲啞保護院内に京都聾口話幼稚園が設置されました。この幼稚園は1928 (昭和3) 年に京都市長の認可を受けて京都聾口話学園と改称され、京都市立聾啞学校が府立に移管された1931 (昭和6) 年4月からは京都府立聾啞学校の第二教室となっています。一方、東京では、1923 (大正12) 年の盲学校及聾啞学校令施行後の翌年、東京盲学校規定と東京聾啞学校規定がそれぞれ改正され、1927 (昭和2) 年には東京盲学校に予科が、1928 (昭和3) 年、東京聾啞学校に予科が設置され読唇の指導がなされました (文部省、1978、82、84、90-91頁)。

このようにいくつかの盲啞学校には現在の幼稚部にあたる幼稚科や予科が設置され保育が行われたものの、他の障害児のための幼稚部の開設は戦後まで待たねばなりませんでした。

(2) 保育問題研究会における「取扱に困る子ども」の研究

保育問題研究会 (以下、保問研) は、1936 (昭和11) 年10月20日に、法政大学児童研究所の城戸幡太郎、それに波多野完治、依田新、山下俊郎、三木安正ら新進気鋭の研究者と、児童問題研究会、東京保育研究会と関係の深い保育士らによって結成された民間の保育実践研究団体です。その趣意書によれば、保問研は、幼児保育の理論的な問題、保健衛生、観察、言語教育、遊戯と作業等とともに、「困った子ども」の問題を研究対象としてとらえ、幼児保育の日常で困った問題を真に解決し、新しい保育体系の確立を目的としました。そして、保問研は6つの研究部会をもち、保育者自身を実践と研究の担い手として位置づけ、教育科学研究会や児童学研究会などに所属する各専門分野の研究者が共同する研究団体でした (保育問題研究会、1937、8-11頁)。第三部会では、保育が困難な子ども、障害のある子どもらの保育に関する研究が位置づけられていました。その中心を担ったのが、後述する愛育研究所「異常児保育室」にも関わった三木安正 (1911-1984年) です。

三木は、1936 (昭和11) 年に東京帝国大学文学部心理学科を卒業後大学院に進学し、医学部の附属施設だった脳研究室に嘱託として採用されました。三木は、脳研究室で担当した児童相談を通じての障害や発達に遅れのある子どもとの出会い、ほどなく保問研や愛育研究所において障害児保育の研究に取り組み

ました。

　三木が中心となった保問研第3研究部会では，従来の保育研究では閑却されてきた障害児や指導が困難な子どもらの保育問題に関する四つの方針を掲げていました。それらは，第一に，障害児や幼児の心理・病理ならびに教育に関する講話や文献の紹介などの理論研究を行うこと，第二に，保育実践の中で「取り扱いに困る子ども」の事例報告をもとに研究者とともに論議し，そこで話し合われた事柄を保育実践に活かすこと，第三に，幼稚園や託児所で実際に「取り扱いに困る子ども」に関する実態調査に取り組むこと，そして第四に，当面の課題として，とりわけ第二の課題に重点をおき，日常保育活動の基礎の上に立って「取り扱いに困る子どもの観察日誌」の研究と作成を急ぐことです（保育問題研究の方針，1937，9頁）。このように，第3部会では日常の保育実践の中で「取り扱いに困る子ども」を核に，保育理論と実践の統一的な研究に取り組み，そのための基本として「取り扱いに困る子ども」の実態調査や観察日誌（実践記録）の作成を重視したのです。これは，日々の保育実践を客観的科学的に分析して理論化し，それをまた実践に活かすという弁証法的な往復運動による保育問題の科学化の一環と言えるでしょう。

　それでは，保問研で「取り扱いに困る子ども」と呼ばれた子どもたちはどのような子どもたちだったのでしょうか。『保育問題研究』に掲載されている第3部会の研究会報告を見ると，三木ら研究者の講話，文献紹介などとともに行われた事例報告では，知的障害児，肢体不自由児，衝動性の強い者，落ち着きのない者，優秀児，難聴児，言語障碍児，結核児，虚弱児，社会性の乏しい者，異民族の子どもなどが挙げられています。また，幼稚園と託児所とでは子どもの家庭環境が異なるケースが多く，保育における環境整備とともに家庭環境や地域問題にも留意して検討されていました。

　しかしながら，保育問題中に「取り扱いに困る子ども」として障害のある子どもたちや環境的に恵まれない子どもも位置づけていた保問研も，総力戦体制のもと，会長の城戸が留岡清男ともに大政翼賛会に積極的に参加するようになり，1941（昭和16）年1月には「保育翼賛の道」を唱え，1943（昭和18）年には恩賜財団大日本愛育会の下部組織となりました。これは保問研の事実上の解

体でした。そして保問研は，戦後，1953（昭和28）年に再結成されました。

（3）愛育研究所「異常児保育室」における障害児保育研究

愛育研究所は，恩賜財団愛育会（皇太子誕生記念の下賜金をもとに1934年に設立）によって，「小児及び母性の保健，教育，保護に関する総合的研究機関」として1938年11月に開設されました。研究所は，保健部（乳児保育事業，児童健康相談事業，外来・入院診療）と教養部（精神発達，障害児，保育の研究）に大別され，このうちの教養部（部長・岡本弥太郎）は3つの研究室をもち，それぞれ主任として第一研究室（精神発達）には牛島義友，第二研究室（障害児）には三木安正，第三研究室（保育）には山下俊郎が配置されました。このように，保問研から2年ほど遅れて着手された愛育研究所の研究活動は，三木や山下ら保問研の中心メンバーによって担われました。そして，この研究所における障害児の研究は一時的な研究課題としてではなく，研究所創設の計画の中から恒久的な研究部門と定められていました。そのため，以下の記すように，障害児保育研究のための保育（三木らは「異常児保育室」と呼称していました）は，三木を中心に研究所開所早々から着手されたのです（恩賜財団愛育会，1943）。

三木は，1938（昭和13）年12月より教育相談を開始し，そこで出会った知的障害児らのための保育室を開設しました。この保育室は，知的障害児や言語障害児の心理ならびに保育方法の研究のために開設されたもので，週2回（1940年度より週3回），おおよそ午前9時から11時半の間，1年目は栗田道子氏（戦後，埼玉県内で保育園長），2年目からは小溝キツ氏（戦後，愛育養護学校校長）らが保育を担当しました。その間，三木が保育の様子を観察し，助手の伊藤良子氏が記録をとるという方法がとられました。また，障害児保育の試みと並行して，幼稚園・託児所において行動面の問題がみられる子どもの研究が行われています。それは，東京市内の公立7カ所・私立5カ所の12幼稚園，公立3カ所・私立1カ所の4託児所に委託し，園児の新学期1カ月間の記録を得て，新入園児にみられる幼児の行動特徴と行動面で問題がみられる子どもの発見を意図したものでした（恩賜財団愛育会，1940，1941年）。そして，1938年か

ら1940年7月までの保育実践をもとに，知的障害児の行動や言語発達の特徴，構音障害や語彙などについてまとめた『異常児保育の研究』が刊行されました（恩賜財団愛育会，1943）。1940（昭和15）年度には，教養部の研究事項に保育者養成制度の研究が加わり，作業教育や言語理解，およびリズム感の養成を中心として研究をすすめている旨が報告されています（恩賜財団愛育会，1941）。そして1942（昭和17）年には，時局を反映し，教養部研究事項の冒頭に「皇国民錬成ノ根抵トシテノ幼児保育ノ研究」が掲げられ，行動面に問題がある子どもに関する研究の整理，および知的障害児の数量や色彩観念，作業教育やお話の理解に関する研究に継続的に取り組んでいます（恩賜財団愛育会，発行年不明）。そして，戦争の激化にともない，これまで月水金の週3日間開かれていた保育室も，治安維持法違反の疑いによる三木の逮捕（1944年10月）もあって，ついに1944（昭和19）年12月に休止となり，3月まで家庭訪問指導へと切り替わってしまいました（恩賜財団愛育会，発行年不明）。

　以上のような三木を中心にした愛育研究所「異常児保育室」における障害児保育実践や研究は，保問研第3部会での研究成果を試行する保育実験室的な役割を果たしました。そして，この保育室は戦後まもない1949（昭和24）年に再開され，1955（昭和30）年には幼稚部と小学部からなる私立愛育養護学校へと継承されていったのです。

（4）障害児保育の制度化の要求

　三木や山下俊郎，城戸幡太郎らは，保問研や愛育研究所での教育相談や障害児保育研究に携わるだけでなく，教育科学研究会や日本心理学会の一員として，障害児のための特別な学校や施設の制度化を要求する活動にも取り組みました。それは，障害児教育や保育，障害者福祉を制度として確立することにより，それらを広く社会化していくことを意図したものでした。

　日本心理学会を例にとると，城戸幡太郎，留岡清男，三木安正，岡部与太郎，山下俊郎ら16名の委員から成る「精神薄弱者研究委員会」は，総理大臣・文部大臣・大蔵大臣に向け，学会長松本亦太郎名で「精神薄弱者に関する教育法規制定並に之が教育施設拡充方要望に関する件」の建議を提出していま

す．その要綱三．「教育施設の拡充」の中に知的障害児のための幼稚園が含まれていました．具体的には，①幼稚園に知的障害児のための特別の組を設けるよう奨励すること，②就学前年の4月に鑑別を行い，ここで知的障害と鑑別されたり，あるいはそれ以前に知的障害児と認められた者は，幼稚園の特別組に入園するように奨励すること，③保育においては普通幼稚園の保育項目の外に，身体の養護や生活習慣の訓練を重んじること，などが挙げられています．このほか，障害者保護施設の一環として，幼児から成人までを対象とし生涯にわたって保護する治療教育院の設立も要求されました（大会記事，1939，119-126頁）．

　これらの要求は，戦前においては実を結ぶことはなかったものの，戦後の教育改革や児童福祉法制などの基本的な枠組みをいち早く示したものとして歴史的な意義をもつと言えるでしょう．

2　戦後における障害児保育の展開

（1）戦後における障害児保育の黎明期（1945～1960年代半ば）

　戦前においては三木安正を中心とした障害児保育実践と研究の萌芽がみられたものの，それらが法制度上に位置付くことはなく，公的なシステムとして障害児保育が確立されたのは戦後になってからです．

　1947（昭和22）年制定の児童福祉法では，障害のある児童のための施設として，知的障害児施設と療育施設が規定されました．そして，児童福祉法は何度か改正され，盲ろうあ児施設が療育施設から分離され（1949年），療育施設が虚弱児施設と肢体不自由児施設とされました（1950年）．しかしながら，これらの施設の絶対数は不足しており，1951（昭和26）年制定の児童憲章第11条に謳われた「すべての児童は，身体が不自由な場合，または，精神の機能が不十分な場合に，適切な治療と教育と保護が与えられる」にはほど遠い状況でした．その後，知的障害児通園施設の新設（1957年），3歳児健康診査および新生児訪問指導制度の創設（1961年），肢体不自由児施設に通園児童療育部門の新設（1963年）など，児童福祉法制下の障害児施設は障害種別に機能分化してい

きます。しかしながら、たとえば知的障害児通園施設は6歳から17歳児を対象として就学前の者は対象とならなかったことなど、不十分なものでした。

　一方、学校教育では、1948（昭和23）年度より盲学校、ろう学校が義務制実施となり、それぞれの幼稚部設置もすすむ中、養護学校の義務制実施は見送られました。養護学校幼稚部や障害児のための幼稚園としては、1949（昭和24）年に恩賜財団母子愛育会特別保育室が再開、1955（昭和30）年には愛育養護学校が認可され、小学部と幼稚部をもつ私立の養護学校が生まれました。同時期、京都の白川学園に開設された鷹ヶ峰保育園特別保育室でも障害児保育が試みられました（1954年）。その他、養護幼稚園として、たとえば1962（昭和37）年には北九州市にいずみの園（北九州市八幡バプテスト教会内に設立、1972年3月に閉園）が、1968（昭和43）年には高槻市に養護学級うの花学級が開設されています（1973年よりうの花養護幼稚園、2003年3月閉園）。これらは障害児の早期教育を目的としたものでした。しかし、養護幼稚園の構想はモデル実施にとどまり、量的な拡大を見るには至りませんでした。

　この時期の児童福祉政策は、幼児期の障害児の保育は家庭の責任で行うという考え方が基本となっており、障害児保育や障害の早期発見のための施策はふるいませんでした。一方、高度経済成長を支える人材養成の観点からの「能力主義」的な教育政策には、養護学校の対象になるような子ども達の教育は顧みられず、児童福祉、学校教育いずれの施策にも障害児保育が十分位置づけられない中、まず、1952（昭和27）年には全国精神薄弱児育成会（現在の全日本手をつなぐ育成会）が、1961（昭和36）年には全国肢体不自由児・者父母の会連合会が、1964（昭和39）年には全国重症心身障害児（者）を守る会が、そして1968（昭和43）年には自閉症児・者親の会全国協議会（現在は日本自閉症協会）など、障害種別に全国的な親の会が組織されました。これらの団体は、1960年代後半から高揚する就学保障運動の一翼を担い、就学保障にとどまらず乳幼児期からの適切な保育・療育の保障を要求していきます。

（2）早期教育・早期保育（療育）の制度化および統合保育の推進
　　（1960年代後半～1970年代後半）

　1960年代後半から，各地で「不就学をなくす会」が結成され，不就学児童の生活実態調査が行われるなど，養護学校義務制実施に向けた要求運動が広まりをみせました。この運動は，たとえば1972（昭和47）年に第1回就学前障害児問題研究集会が開催されるなど，障害の早期発見や早期保育と一貫させた就学保障を要求へと展開していきました。そして，1979（昭和54）年度からの養護学校義務制実施が決定した（1973年）前後より，学校教育と連動して障害の早期発見や早期対応，障害児保育の制度化が進んでいきました。

　障害児教育に関わっては，1969（昭和44）年には，辻村泰男を座長とする特殊教育総合研究調査協力者会議の「特殊教育の基本的な施策の在り方について（報告）」が発表されます。ここでは，障害児保育の振興に関わって，障害児の望ましい成長発達を図るために可能な限り早期発見・早期教育を開始する必要があるという立場から，①特殊教育諸学校の幼稚部設置の促進と助成の強化，保護者と幼児が一緒に指導をうけることを可能にするために必要な設備等の整備，②特殊教育諸学校と地域の幼稚園とが提携協力し，統合教育を行う幼稚園に特殊教育諸学校の教員が巡回して特別の指導を行うための措置，③特殊教育諸学校をはじめ特殊学級を置く小学校等において，保護者が幼児とともに早期から教育相談と指導を受けることができるようにするための体制の整備が示されました。これらのうち，教育相談活動など現在実現しているものもあります。しかし，養護学校幼稚部の設置についてはほとんど具体化しませんでした。その後，養護学校義務制実施に向けた1971（昭和46）年の中教審答申を受け，1972（昭和47）年度を初年度とする「特殊教育拡充整備10カ年計画」が策定され，特殊教育諸学校幼稚部拡充（全体目標1500学級）が打ち出されました。しかし，その設置は，ろう学校，盲学校を中心としたもので，1972年と1982年をそれぞれ比較すると，盲学校75校中幼稚部設置は22校から72校中48校（うち1校は分校）へ，ろう学校は108校中96校（うち5校は分校）から110校中99校（うち6校は分校）へ，養護学校幼稚部は276校中12校から700校中25校となっています（文部省，1972年，1982年）この計画が出た時点ですでにろ

う学校幼稚部の設置は9割を超え、盲学校幼稚部も倍増し、一方養護学校幼稚部に関しては振るわなかったことがわかります。知的、肢体不自由などの障害児の保育は、学校教育よりもむしろ以下に示すような児童福祉において展開しました。

　障害児保育、児童福祉の分野では、1972年に「心身障害児通園事業実施要綱」が策定され、障害乳幼児の通園施設の不足を補うために、20名以上の障害児保育（療育）事業への助成が行われるようになりました。これは、これまで民間の自主運営や地方自治体単独事業として実施されていたものを制度化する上で大きな役割を果たしました。そして、養護学校義務制施行年の決定を受け、1974（昭和49）年度から、知的障害児通園施設の入所条件であった、就学猶予・免除の条件が廃止され、対象児童の年齢制限も撤廃されました。同年、厚生省児童家庭局長通知「障害児保育事業実施要綱」により、民間の幼稚園、保育所で取り組まれてきた障害児の受け入れを国が認めることになりました。ただし、対象となる子どもは保育に欠けるおおむね4歳以上の障害の程度の軽い知的障害または身体障害のある児童であって、集団保育が可能で、日々通所できる者とされました。また障害児保育を実施する保育所は定員がおおむね90名以上の施設で、国と都道府県政令都市が事前協議を行う指定園方式で実施されました。なお、1978（昭和53）年度には、障害児保育は各保育所で対応できる範囲で実施し、「4歳以上」の限定がなくなり、保育に欠ける中程度の障害児までを受け入れることになりました。そして指定園方式を廃止し、直接保育園に受け入れている障害児が助成の対象となり（助成の対象となるのは、特別児童扶養手当の支給対象児）、1980（昭和55）年度より事前協議も廃止されています。

　障害の早期発見・早期対応（保育、療育）については、乳幼児健診など障害の早期発見と、その後の保育や療育を一貫して保障するシステム（いわゆる大津方式）を先駆けて確立した大津市の取り組みが全国に大きな影響を与えました。大津市では、1973（昭和48）年には希望するすべての障害児の保育所への入所を保障する障害児保育制度を開始し、1974（昭和49）年には乳幼児健診における障害の早期発見と早期対応から、やまびこ園・教室での早期療育と両親

教育を経て，毎日通える保育所等での障害児保育につなぐという基本的なシステムができました。1975（昭和50）年には，すべての障害乳幼児に，0歳，1歳からの早期発見と対応，1歳，2歳からの早期療育，3年間の毎日の保育の保障を市の責任で一貫して保障するという目標が掲げられています。その他，1977（昭和52）年には，障害予防のひとつとして先天性代謝異常の早期発見・早期治療につながるスクリーニング検査が全国で実施されるようになりました。

3　社会福祉制度改革に影響される障害児保育のあり方

1979（昭和54）年度からの養護学校義務制実施を契機として，障害の早期発見・早期対応として，乳幼児健診やその後の障害児保育，療育の統一的な保障が実現していきます。また，幼稚園や保育所での障害児の受け入れも奨励されました。

1979年に厚生省児童家庭局長通知「心身障害児総合通園センターの設置について」が出され，総合センターには相談・検査部門および療育訓練部門を設けることとし，知的障害児通園施設，肢体不自由児通園施設，および難聴幼児通園施設を統合（1993年度より設置基準を2種類以上に緩和）した心身障害児総合通園センターの整備が図られ，制度的にも障害の早期発見と療育（保育）の統一的保障が志向されるようになりました。なお，当初，センターの設置主体は都道府県，指定都市，中核市または人口30万人以上の都市とされていたものが，1993年より20万人以上に設置基準が緩和されています。

1980年に文部省が実施した「幼稚園における心身に障害をもつ幼児の教育状況等調査」によれば，障害児を受け入れている幼稚園は約35％にのぼり，1982（昭和57）年「心身障害児に係る早期教育及び後期中等教育の在り方（報告）」（特殊教育研究調査協力者会議）においても障害の比較的軽度の障害児は可能な限り地域の幼稚園で特別な配慮のもとに受け入れるのが適当とされ，統合保育が推進されました。また，通園施設に措置されていない子どもに対する外来相談や保育所などへの巡回相談が拡大していきました。

Ⅰ　幼児期における障害のある子ども支援

　1996年から2002年における国の障害者施策を具体化した「障害者プラン－ノーマライゼーション7ヶ年戦略」(1995年) では，「地域における障害児療育システムの構築」において以下の4点が示されました。

　①各都道府県域における障害児療育の拠点施設の機能の充実，②心身障害児通園事業等の地域療育に対する通園施設等による指導・支援事業を概ね人口30万人当たり2カ所ずつを目標に実施，③障害児通園施設の障害種別にとらわれない利用を図る，④保育所等を活用した小規模の心身障害児通園事業及び重症心身障害児（者）のための通園事業を約1300か所を目標に整備，です。そして，2002（平成14）年発表の内閣府「障害者対策に関する新長期計画」及び「障害者プラン」達成状況（1993～2000年度）によれば，達成状況としては，①障害児保育推進のための保育士の加配及び施設改修等に補助，②相談，療育指導，関係機関へのあっせん事業を行う団体に助成する在宅心身障害児相談事業等を実施，③通園により日常生活動作，機能訓練等必要な療育を行う重症心身障害児（者）通園事業（5→115か所），④幼児を対象とした通園の場を設置して，日常生活基本動作の指導等を行う障害児通園（デイサービス）事業（265→467か所），⑤保護者の疾病等の理由により知的障害児施設等に一時的に保護する障害児（者）短期入所事業（2221か所），⑥相談，療育の専門的指導，在宅サービスの利用援助等を統括的に実施する障害児（者）地域療育等支援事業（40→302か所），⑦専門的療育機能を有する総合的施設と，療育の専門的指導を行う支援施設との連携による障害児（者）地域療育等支援事業（療育拠点施設事業）(1996年度～)（0→17か所），⑧総合的な早期発見，早期療育体制が整備され，肢体不自由，知的障害及び難聴幼児の通園施設を統合した心身障害児総合通園センターを整備（11→13か所），などとなっています。これらは障害児保育・療育制度の再編であり，地域療育等支援事業のような新たな事業の展開や，各種通園事業所の量的な拡大などの変化が見受けられます。

　その後，児童福祉法改正により1998（平成10）年度より保育所の措置制度が廃止され，2000（平成12）年の「社会福祉の増進のための社会福祉事業法等の一部を改正する法律」が成立したことにより，2003（平成15）年度から障害児の在宅福祉サービスが措置制度から支援費制度へと移行しました。支援費制度

は，利用者（障害児の場合は保護者やそれに変わる者）自らがサービスを選択し契約する利用契約制度であり，経済状況によって負担額が決まる「応能負担」を基本としていました。この移行については，行政の責任放棄や需要と供給のバランスがとれるのかなどの問題が指摘されました。実際に，支援費制度を利用した在宅福祉サービスの需要が高まったことにより，国の予想を超えた利用増加となり，財政不足に陥るという問題が起こりました。これに対し，国は需要に見合った予算の増額を行うのではなく，各種サービスは利用者の利益であるとみなし，経済状況にかかわらず利用料金の一割負担を原則とする「障害者自立支援法」を成立させ（2005年），支援費制度を廃止し新たな福祉サービス利用制度を確立しました。この法律は，全国の障害者団体，障害者本人，家族，福祉職員など多くの反対の声を押し切って成立した非常に問題ある法律です。

　通園事業で言えば，「障害者自立支援法」によって，通園施設の利用も日割り計算で行われ，給食費が実費負担になるなど，施設側にとっては収入減により経営が圧迫されています。一方，利用者にとっては経済的負担増となり，毎日の通園を控えるケースも出てきています（障害乳幼児の療育に応益負担を持ち込ませない会，2007年）。

　これまで概観したように，障害の早期発見・早期対応（保育・療育の保障）は，障害児が発達する権利を保障するものであり，歴史的に培われてきたものです。制度の改正（改悪）によって，子どもの権利侵害を招くような事態をを許してはなりません。

参考文献

文部省（1978）『特殊教育百年史』東洋館出版社．
保育問題研究会（1937）「保育問題研究会研究部会の方針」『保育問題研究』第1巻第1号，保育問題研究会，8-11頁．
恩賜財団愛育会（1940）『昭和十四年度恩賜財団愛育会事業報告』恩賜財団愛育会．
恩賜財団愛育会（1941）『昭和十五年度恩賜財団愛育会事業報告』恩賜財団愛育会．
恩賜財団愛育会（1942）『昭和十六年度恩賜財団愛育会事業報告』恩賜財団愛育会．
恩賜財団愛育会（1943）『異常児保育の研究』目黒書店．

I 幼児期における障害のある子ども支援

恩賜財団愛育会（発行年不明）『事業報告自昭和十七年四月至昭和十八年一月』恩賜財団愛育会．

恩賜財団愛育会（発行年不明）『事業報告自昭和十九年八月至昭和二十年三月』恩賜財団愛育会．

愛育養護学校（1965）『あゆみ（十周年記念）』．

大会記事（1939）『心理学研究』第14巻特集号．

坂本竜生（1973）「精神発達遅滞幼児の教育を回顧して(1)」『教育と医学』第2巻第9号．

文部省（1972）『学校基本調査報告書』．

文部省（1982）『学校基本調査報告書』．

白石恵理子・松原巨子・大津の障害児保育研究会（2001）『障害児の発達と保育』クリエイツかもがわ

障害乳幼児の療育に応益負担を持ち込ませない会（2007）『子どもの権利と障害者自立支援法』全障研出版部．

渡部信一・本郷一夫・無藤隆編（2009）『障害児保育』北大路書房．

小川英彦（2007）「障害のある子どもの保育の考え方」伊藤健次編『新・障害のある子どもの保育』みらい．

戸崎敬子・竹内衛三（2004）「愛育研究所における『異常児保育』実践の検討Ⅰ」『高知大学教育学部研究報告』第64号．

河合隆平・高橋智（2005）「戦前における三木安正の国民保育論と困難児・障害児保育実践論」『発達障害研究』第27巻第3号．

（山﨑由可里）

第2章

障害児保育の現状

　最近，発達障害児や発達障害児を疑う気になる子どもが増えています。発達障害児支援法の制定により支援のあり方が注目されていますが，保護者の障害受容には個人差が大きいことや，問題を抱える子どもの中に障害が隠れていることもあること等，身体的・精神的・社会的にめざましい成長過程の段階にある乳幼児を取り巻く周囲の大人の気づきの遅れや，不適切な関わりにより，発達障害の発見や支援が遅れることがあります。

　また，ノーマライゼーションの理念に基づき，障害の有無にかかわらず安心して暮らせる地域づくりをめざし，2006年に障害者自立支援法が施行されました。この法律により，子どもの将来に向けた発達支援をライフステージに応じトータルに身近な地域において行っていけるようにするという視点が打ち出されました。この実現のためには，乳幼児期からの障害の早期発見・早期対応につなげる体制を作っていくことが必要になります。

　この章では，障害幼児に関連する障害児制度を踏まえた上で，社会資源について学習し，子どもの発達保障について念頭に置きながら，気になる子どもや障害児保育の現状を理解します。

1　障害児を取り巻く保育・教育の法制度と教育システム

（1）発達障害者支援法

　発達障害者支援法第2条第1項により，発達障害とは，自閉症，アスペルガー症候群（AS）その他の広汎性発達障害（PDD），学習障害（LD），注意欠陥多動性障害（ADHD）その他これに類する脳機能の障害であって，その症状が通常低年齢において発現するものとして政令で定めるものとなっています。政令

で定めるものの定義は「脳機能の障害であって，その症状が通常低年齢において発現するもののうち，言語の障害，協調運動の障害その他厚生労働省で定める障害とされています。一般には，中途障害とは異なり生得的な障害であるので，その支援のあり方において質・量ともに違いがあり，また乳幼児から幼児期にかけて現れることの多い心身の障害を包括する概念であると理解されています。これらの発達障害は重複して障害を合わせもつことも珍しくなく，障害の現れ方は個別性が大きいため個に応じた支援が必要になります。発達障害者支援法の施行により，自閉症・発達障害支援センターは発達障害者支援センターとなり，発達障害者・発達障害児（18歳未満）の支援を行う機関と位置づけられ，相談支援機関となっています。

（2）障害者自立支援法

　2005年には障害者自立支援法が制定されました。この制度により，身体障害・知的障害・精神障害は，種別ごとに障害福祉サービスが行われていましたが，サービス体制が一元化され，障害認定を受けた障害幼児は，公平なサービス利用のための手続きにより必要な福祉サービスを希望する場合，定率負担により福祉サービスの利用ができるようになりました。

　就学前に障害のある子どもが通うことができる機関には，保育所，幼稚園，児童デイサービスセンター，肢体不自由児・知的障害児・難聴幼児通園施設等があります。障害認定を受けた子どもは，療育手帳あるいは身体障害者手帳を都道府県知事または中核市の市長より交付されると障害者自立支援法の適用を受け，障害児福祉サービスを利用することができます。

　1998年に厚生省通知「保育所に入所している障害をもつ児童の専門的な治療・訓練を障害児施設で実施する場合の取り扱いについて」が出され，それにより，保育所に通う障害幼児は，障害児通園施設やより身近な場でサービスを受けられる児童デイサービス等の通所施設との並行通園が可能になりました。

　障害幼児に対する児童福祉法に基づく障害児通園施設には，知的障害児通園施設，肢体不自由児通園施設，難聴幼児通園施設の3種類があります。障害者自立支援法に基づく通所事業には，児童デイサービスがあります。それぞれ，

専門スタッフによる療育・遊びを通した生活支援，集団保育を実施し，保育所や幼稚園と並行通園ができるようになりました。

発達障害幼児が利用可能な通所施設として，児童デイサービスがあり，より身近な地域で支援を受けられることが求められています。児童デイサービスの主な事業内容は，次のようになっています。

心身に障害，あるいは発達に遅れのある児童に対し，相談と個別的・集団的に必要な支援，訓練を行い，個々の児童の発育・発達を促すセンターです。主な内容は，①日常生活における基本的動作の指導，②集団生活への適応の訓練，③保護者に対する相談等です。

(3) 特別支援教育

2007年4月より特別支援教育が学校教育法に位置づけられました。特別支援教育とは，障害のある幼児・児童・生徒の自立や社会参加に向けた主体的な取り組みを支援するもので，障害を医学的な観点のみからとらえるのではなく，一人ひとりの教育ニーズを把握し，その持てる力を高め，生活や学習上の困難を改善または克服するため，適切な指導および必要な支援を行うものです。学校教育法の一部改正により，「盲・ろう・養護学校」が障害種別を超えた特別支援学校に一本化されました。またこれまでの「特殊学級」が「特別支援学級」に変更になりました。特別支援教育の対象は，これまで特殊教育の対象とされていた盲・聾・知的障害・肢体不自由・病弱・言語障害・情緒障害という7つの障害種別を拡大して，学習障害（LD），注意欠陥多動性障害（ADHD），高機能自閉症等の発達障害を伴う幼児・児童・生徒が新たな対象となりました。総合的な特別支援体制を整えることになりました。

表2-1は，特別支援学校の数と特別支援学校に在籍する児童数（2006年）です。表2-1から，特別支援学校幼稚部の数は小学部に比べると，5％程度と低く，障害程度が軽度な子どもや障害が疑がわしい子どもは通常の保育所または幼稚園において在籍しながら統合保育・教育を受けていることがわかります。

I　幼児期における障害のある子ども支援

表2-1　特別支援学校数及び在籍数（2006年5月1日現在）

区分		学校（数）	在籍数（人）				
			幼稚部	小学部	中学部	高等部	計
盲学校		71	268	678	448	2,294	3,688
聾学校		104	1,263	2,210	1,279	1,792	6,544
養護学校	知的障害	543	57	20,585	16,060	34,751	71,453
	肢体不自由	197	59	7,811	4,455	6,392	18,717
	病弱	91	1	1,410	1,379	1,400	4,190
	計	831	117	29,806	21,894	42,543	94,360
総計		1,006	1,648	32,694	23,621	46,629	104,592

（出所）文部科学省。

（4）就学前の子どもに関する教育・保育の総合的な推進

　保育所制度は，児童福祉法において「すべての子どもはひとしく生活を保障される」と理念が掲げられ，第39条においては「日日保護者の委託を受けて，保育に欠けるその乳児又は幼児を保育する」と規定され，保育所の入所と保育の保障が謳われています。表2-2は保育所待機児童数の状況です。これによると，2007年度より待機児童が増えているのがわかります。

　表2-3は，2008年度の年齢区分別待機児童の状況です。表2-3より，1,2歳児の待機児童数が多く，低年児の待機児童数は全体の76.0%を占めていることがわかります。表2-4より，2008年の待機児童がいる市区町村数は370で，これは全市区町村の20.4%に当たります。また，表2-5より，都市部の待機児童が全待機児童の77.7%を占めていることがわかります。

　2006年10月に「就学前の子どもに関する教育・保育等の総合的な提供の推進に関する法律」が施行され，認定こども園制度が開始されました。認定こども園の制度は，低年齢児の受け入れ，早朝・延長保育など子育て支援の機能の見直しが行われ，教育と保育の一体的な運営を行うこと，そして既存の施設の有効活用による待機児童の解消を目的として創設されました。その開園は2007年の8月の時点で105件の認定があり，見込みに対して申請が少ないことが懸念されています。

第 2 章　障害児保育の現状

表 2-2　待機児童の推移

	2008 年	2007 年
待機児童数（人）	19,550	17,926
待機率（％）	1.0	0.9

（出所）保育所入所待機児童数調査（厚生労働省雇用均等・児童家庭局保育課）より作成。

表 2-3　2008 年　年齢区分別待機児童状況

	待機児童数(人)	待機率（％）	
0 歳児	2,404	12.3%	76.0%
1, 2 歳児	12,460	63.7%	
3 歳以上児	4,686	24.0%	
全年齢児	19,550	100%	

（出所）保育所入所待機児童数調査（厚生労働省雇用均等・児童家庭局保育課）より作成。

表 2-4　待機児童の多い市区町村数

	市区町村数	
待機児童数	2008 年	2007 年
100 人以上	52	45
50 人以上 100 人未満	32	29
1 人以上 50 人未満	370	368

（出所）保育所入所待機児童数調査（厚生労働省雇用均等・児童家庭局保育課）より作成。

表 2-5　都市部とそれ以外の地域の待機児童数

	利用児童数（人）	待機児童数（人）
7 都府県・指定都市・中核市	1,023,559（50.6%）	15,187（77.7%）
その他の都道府県	998,614（49.4%）	4,363（22.3%）
全国計	2,022,173（100.0%）	19,550（100.0%）

（出所）保育所入所待機児童数調査（厚生労働省雇用均等・児童家庭局保育課），福祉行政報告例（概数）（厚生労働省統計情報部）より作成。

　認定こども園とは，幼稚園・保育所または認可外保育所がその法的位置づけを保持したまま，幼保連携型・幼稚園型・保育所型・地方裁量型の4つの類型が認められています。認定こども園の場合の利用手続きは，利用者と施設の直接契約で，保育料の決定および徴収においては施設で行うことになっています。
　認定こども園では，児童福祉施設最低基準の緩和がなされ，健康な発達を保障する環境整備が十分なされているのかどうか，危機管理面での対策が急がれ

るべきでしょう。

　さらに，厚生労働省は，2008年2月に『新待機児童ゼロ作戦』を発表しました。この新待機児童ゼロ作戦では，希望するすべての人が安心して子どもを預けて働くことができる社会をめざしてサービスの受け皿を確保し，今後3年間を集中重点期間として取り組みを進めています。2017年までの10年間で，3歳未満児の保育サービスの提供割合を20％から38％に引き上げ，保育所等の受け入れ児童数（0～5歳児）を100万人増やすことを目標に掲げています。

　新待機児童ゼロ作戦の施策の柱は，保育所に加え，認定こども園，幼稚園の預かり保育，そして家庭的保育事業の制度化です。これは，保護者のさまざまな働き方・ライフスタイルに対応するための多様で弾力的な保育サービスの一環として，新保育サービスの整備が進められようとしています。

2　保育行政の動向

（1）保育所の一般財源化

　三位一体改革により，2004年度から公立保育所運営費が一般財源化されました。一般財源とは，地方の裁量により執行できる財源であり，住民税等の地方税や地方交付税が財源となっています。これに対し，国庫の負担金や補助金を財源として事業を執行する場合は，交付要綱や補助金法等により支出方法等が厳格に規定されています。つまり，一般財源化によって，国庫負担金などの一般財源を地方税や地方交付税等に切り替えることになるということです。この一般財源化による障害児サービスの影響を考えると，サービス実施に直接関わる事項について，市町村格差が益々大きくなる可能性が出てくることが考えられます。

　その一方で，保育所における障害児保育は，国の通知による事業として実施され，最近では障害児保育を積極的に行っている保育所が増えてきたものの，補助金事業から市町村の一般財源に委ねられるようになったことで，市町村の財政状況による障害児福祉サービスの地域格差が顕著になりつつあり，地域によっては障害児通園施設などの整備が立ち遅れているところもあります。

（2）発達障害児の早期発見と経過観察

　障害児に関する法律が明文化される一方で，待機児童をなくし，すべての子どもたちが安心して成長・発達できる教育支援が必要です。

　地域の保健センターは，1歳6カ月健診・3歳児健診等定期的に乳幼児健康診断を行います。乳幼児健康診断の大きな目的は，隠れた病気を早く発見し治療につなげることです。もう一つの大きな目的は，その年齢に応じた発育・発達を評価することです。もし，発達が遅れている場合には，その原因を明らかにし，対策を立てる必要があります。また，発達が疑わしい場合には，障害児の専門機関や地域の保健センターは，「家庭」「保育所」「幼稚園」「学校」等を巡回指導をして，発達障害児の経過観察や関係者・関係機関と情報交換をしながら現状を把握し，保護者の心理的ケアを含めた相談支援を行い，障害の早期発見や適切な援助を行います。

3　乳幼児保育・教育機関の子どもを取り巻く現状

（1）増えている気になる子どもたち

　このような乳幼児保育・教育機関において，園児の中には，極端に落ち着きがなく，動き回り，仲間の中に入れずコミュニケーションがとれにくいといった気になる子どもたちが増えてきています。それは，医学的に介護度の高い重症心身障害児や肢体不自由児とは異なり，軽度の脳機能障害のある軽度発達障害児，つまり中枢神経系になんらかの問題があるために，脳の命令によって「気になる言動」を起こす子どもたちです。

　軽度発達障害は，広汎性発達障害（PDD），注意欠陥多動性障害（ADHD），学習障害（LD），発達性協調性運動障害，軽度・境界域の知的障害の5つの障害の総称ととらえられています。広汎性発達障害（PDD）は社会関係上の問題，注意欠陥多動性障害（ADHD）は行動上の問題，学習障害（LD）は学習能力上の問題，発達性協調性運動障害は運動上の問題，軽度・境界域の知的障害は全体的認知上の問題があります。しかし，この軽度発達障害は，特に乳幼児期になればなるほど，この5つの障害特性が微妙に重なり合っているため，

はっきりと障害を見極めることが困難であるといわれています。そして，社会的にも軽度発達障害の認知度は低く理解が十分なされていないため，「気になる行動」を起こすことは，しつけの問題ととらえられ，誤解を受けることもあります。

（2）保護者の障害受容

　乳幼児期は，どの子どもも未発達・未成熟であるため，一つ一つの行動や言葉を友達との関わりや排泄，食事，着替え等，自立できるように支援を繰り返しながら自分の身の周りのことができるように働きかけていきます。そのため，軽度発達障害児の保護者は，わが子の成長過程の中で，初めは，なんとなく成長の衰えや異常な言動を感じながらも障害を認めがたく，年長になれば落ち着くだろう，友達と上手に関わることができるだろう，物事を十分理解できるようになるだろうと期待を抱きます。そして，年齢が上がるにつれ，健常児との違いがはっきりと現れるようになると，徐々に，どうしてうちの子どもに障害があるのか，と哀しみや怒りで落胆し，将来に対する不安や絶望感に満ちあふれます。その時期を脱すると，障害になった原因を追及しその子どもにあった訓練を始めるようになります。この時期には，現実に向かいあうことから，抑うつ的になったり哀しみや不安，健常児と比べて落ち込むこともあります。そして，最後に，障害のある子どもがその子らしく生きられるように受け入れていくという過程をたどります。しかし，保護者の障害受容には個人差が大きく，いつまでも障害を認めたくないため，障害受容に至る過程の中にある保護者の多くは，保護者自身が育児不安になったり，孤独になって悩んでいたりすることが多いと考えられます。そのため，保育者は，保護者の気持ちに常に寄り添い，子育ての悩みや不安を解消できるような支援の体制を作っておくことが大事になります。

（3）統合保育

　現在の保育制度は，「特別保育事業の実施について」（1998年）という厚生労働省の通知に基づいて行われており，次の条件を満たしている場合には入園の

申請をする事ができます。厚生労働省の基準では，保育に欠ける障害児であって次の①及び②に該当するものであることとしています。
① 集団保育が可能で日々通園できるもの。
② 特別児童扶養手当の支給対象障害児。（所得により手当の支給を停止されている場合も含む。）

　また，保育所に入るには，仕事等の事情で，家庭で保育ができない「保育に欠ける」という条件を満たさなければなりません。ただし，それぞれの自治体や保育所の受入態勢や保育方針等により，希望する障害児のすべてが入園できないこともあります。

　厚生労働省の基準では「障害児の特性等に十分配慮して健常児との混合により行うものとする」とされています。つまり，保育所は，障害の治療施設ではなく，子どもの生活や遊びの場であり，障害のある子とない子がともに育ち合うという保育機関になります。

（4）幼稚園教育要領・新保育所指針の障害児への配慮事項

　新幼稚園教育要領が2008年3月に出されました。その中で，障害幼児に関する項目は，特に留意する事項の中に改訂されて2009年度から新たになり，その内容は，障害のある幼児の指導に当たっては，集団の中で生活することを通して全体的な発達を促していくことに配慮しつつ，特別支援学校などの助言または援助を活用しつつ，たとえば指導についての計画または家庭や医療，福祉などの業務を行う関係機関と連携した支援のための計画を個別に作成することなどにより，個々の幼児の障害の状態などに応じた指導内容や指導方法の工夫を計画的，組織的に行うことが明記されました。

　一方，保育所保育指針も厚生労働省の告示により，2009年度から一部改正されました。新保育所保育指針における障害のある乳幼児の保育については，一人一人の子どもの発達過程や障害の状態を把握し，適切な環境の下で障害のある子どもが他の子どもとの生活を通して共に成長できるよう，指導計画の中に位置づけること，子どもの状況に応じた保育を実施する観点から，家庭や関係機関と連携した支援のための計画を個別に作成するなど適切な対応を図るこ

と，そして，小学校と連携をして子どもの育ちを支えるための保育所児童保育要録が保育所から小学校へ送付されるようにすることが規定されています。また，保育所における環境を通して，養護及び教育を一体的に行うこととしています。「養護」とは，「子どもの生命の保持及び情緒の安定を図るために保育士等が行う援助や関わり」です。「教育」とは，「子どもが健やかに成長し，その活動がより豊かに展開されるための発達の援助」です。したがって，保育・教育機関においては，一人一人の子どもの発達過程や障害の状態を把握した上で，生命の保持と情緒面の安定を図ることを基礎とし，健常児とともに健やかに成長・発達できるように個別に計画を立てて援助を行っていくことが必要と言えます。さらに，幼小が連携して子どもの育ちを継続して支援していくことが規定されました。

　児童虐待や発達障害の疑いのある子ども等，気になる子どもたちの背景にはさまざまな問題が複雑に潜んでいるため，すべての児童の人権，発達保障を第一に優先して，個別の発達に応じた支援を計画的に実施して，発達の連続性を意識した支援についての共通認識をもつことが重要と言えるでしょう。

4　障害児保育制度の課題

　待機児童の解消策として，2003年に「次世代育成に関する当面の取組方針（保育計画）」を策定することが義務付けられました。その中で，各種の規制緩和が実施され，小規模保育所最低定員の引き下げ，設置経営主体の民間参入，公設民営方式の推進等，最低基準の範囲内で定員超過受入れの取り扱いを年々緩和されてきています。保育所保育は，これまで国と自治体の責任において最低基準や設置基準等を定め，財源保障を行いながら進められてきました。国の最低基準がさらに改定し引き下げられてしまうと，保育・教育の質の低下につながることが懸念されます。

　日本国憲法第13条には，生命，自由及び幸福追求権について公共の福祉に反しない限り，立法その他の国政の上で，最大限の尊重を必要とするという法的な規定がある通り，すべての子どもは，発達への権利を有し発達が保障され

なければならないということが謳われています。戦後の障害児福祉の先駆的実践者である糸賀一雄は、著書『復刊この子らを世の光に』の中で、「どんな子どもでも、その発達段階はそれぞれの意味をもっているのであって、一才は一才として、二才は二才として、その発達段階はそれぞれの意味をもっているのであって、その時でなければ味わうことのできない独特の力がその中にこもっているのである。一才は二才でないからといって低い価値なのではない。それぞれの段階がもつ無限の可能性を信じ、それを豊かに充実させること以外におよそ人間の生き方というものがあるべきだろうか」と言っています。

　少子高齢社会が進む現代において、保育制度や保育環境が変わりつつあります。保育所には、保育士配置の国の最低基準があり、その基準は、0歳児3人に対して保育士3人、1、2歳児6人に対して保育士1人、4歳以上児30人に対して保育士1人と定められています。統合保育・教育が一般的になってきた最近では、市町村において、障害児の数に応じて加配を付けるところが増えてきています。また、まだ数は少ないものの保育所独自で、障害児の個別性を尊重して、リソースシステムを導入しているところもみられるようになってきています。

　待機児童解消策がいろいろと講じられていますが、すべての子どもに発達の権利を保障するためには、障害の早期発見・早期対応策を強化するとともに、ライフステージを見すえた発達支援を行うために、地域における障害児関係機関や乳幼児保育に関わる保育者は、専門的な知識や技術を身につける必要があります。そして、子どもの発達の遅れについて保育者等の「気付き」をそのままにしておくことがないように連携を強化し、子どもと保護者を総合的にサポートしていく支援体制をめざしていく必要があるでしょう。

参考文献・引用文献

厚生労働省（2006）『障害者白書』.

平山諭編著（2008）『障害児保育』ミネルヴァ書房.

近藤直子・白石正久・中村尚子編（2005）『新版テキスト　障害児保育』全国障害者問題研究会出版部.

清水貞夫・藤本文朗編集（2005）『キーワードブック障害児教育特別支援教育時代の基礎知識』クリエイツかもがわ．
全国保育団体連絡会・保育研究所編（2008）『保育白書2008年版』ひとなる書房．
田中康雄監修（2004）『わかってほしい！気になる子』学研．
民秋言編（2008）『幼稚園教育要領・保育所保育指針の成立と変遷』萌文書林．
厚生労働省雇用均等・児童家庭局長（2008）『保育所保育指針等の施行等（局長通知）雇児発第0328001号』．
文部科学省（2008）『幼稚園教育要領新旧対照表』．
保育研究所編集（2008）『月刊　保育情報』2008,6,No.379，ひとなる書房．
糸賀一雄著（2003）『復刊　この子らを世の光に――近江学園二十年の願い』NHK出版．

（野村敬子）

第3章
障害児保育の内容

　この章では、はじめに障害児保育の考え方から述べてみます。次に障害児に合わせた保育内容や気になる行動の理解などについて考えてみます。そして、今日的な課題となっている軽度発達障害幼児の保育について、さらに、今後の保育の指導形態として広がってくると思われるインクルージョン保育について述べることとします。

1　障害児保育の考え方

　障害児保育とは、就学前の障害乳幼児のための保育のことをさします。
　障害幼児を受け入れて行う保育であって、ひとり一人に必要な指導・援助が行われる保育であって、健常児と障害児がともに育ちあう保育でもあります。

(1) 障害児をどう理解するか
　第一に、障害児を、障害・発達・生活の3つの視点から理解することが大切であるとこれまでの実践の蓄積の中で指摘されています。保育者にとって、教室にいる障害児を指導・援助する際、まず人間として、発達しつつある存在としてとらえることが重要です。その上にたって、一人一人の発達に障害がどのように影響をもたらしているかをとらえることになります。次に、その子の成育史や家族のたいへんさ・苦労、地域の社会資源など生活時空間との関わりでとらえることになります。これまでの障害児保育実践の蓄積の中で、発達の可能性と一歩ずつ変容する実態が確認されています。まずは発達しつつある存在として子どもたちを理解することであり、その上に一人一人の発達に障害がどのような影響をもたらしているかをとらえることが大切となってきます。ま

た，障害の軽減や変化についても指摘されたり，生活年齢を考慮することの大切さも指摘されたりしています。

第二に，権利行使の主体としての視点から理解することが大切です。1989年に国連総会で「子どもの権利条約」が採択され，わが国は1994年に批准しました。同条約第23条では障害児の権利について取り上げられています。ここでは，その権利を保障するための具体的な方法が述べられていますが，最善の利益のために，これからの障害児保育においては同条約が示す子ども観に立ち進められなければなりません。また，2006年第61回国連総会において「障害のある人の権利に関する条約」が採択され，その第1条に「すべての障害者によるあらゆる人権及び基本的自由の完全かつ平等な享有を促進し」とあるように，障害幼児はもとよりすべての障害のある人の権利を基礎とした社会をつくりあげることがこの条約の基調であり，こうした社会を創造していく上で，保育や教育は非常に大きな役割をもっていると考えられます。

（2）健常児との育ちをどう理解するか

統合（インテグレーション）というと，わが国では保育所や幼稚園で保育教育を受けることを統合保育ととらえられています。一方，欧米の動向をみますと，特別なニーズをもつ子どもへの保育教育のシステムのことをさし，かなり幅のある形態ととらえられます。今後のわが国の障害児保育もインクルージョンを見据えて一定前進させていく課題はありそうですが，今日的なわが国での意義は次のようになるのではないでしょうか。

障害のある子もそうでない子も，乳幼児期からともに生活をしていく中で，お互いを理解し，関わりあい，育ちあって，現在及び将来にわたって一緒に生きていくための土台づくりを担っているのが保育であります。幼児期においては，障害児と健常児が分け隔てなく生活をともにしている姿をみかけることがあるという報告を園から聞くことがあります。お互いに関わりあい，響きあいを経験していることが自然に感じられるといったものです。以上のような生活経験を幼児期ですることは，その後のライフステージでの交流，社会の在り方を考える上ではたいへん貴重なことであると言えます。障害児保育は「一人ひ

とり」の発達課題をきめ細かく取り組む保育と,「みんないっしょ」の育ちあいの保育とをつなぐ保育と言えるのではないでしょうか。ですから,障害児保育に取り組む保育者には,みんながともに成長をめざし,育ちあう役目が求められます。

(3) ライフステージや地域の視点に立って

今日の新たな動向に注目しますと,たとえば「特別支援教育」が 2007 年 4 月よりスタートしました。ここでは,LD(学習障害),ADHD(注意欠陥多動性障害),AS(アスペルガー症候群)などの軽度発達障害児を新たに対象にすること,障害種別や程度から特別な教育的ニーズに対応することが基本的視点としてたびたび力説されています。この点については確かにそうなのですが,2007 年 4 月 1 日に文部科学省からだされた通知「特別支援教育の推進について」の冒頭には次のように明記されています。「特別支援教育は,障害のある幼児児童生徒の自立や社会参加に向けた主体的な取り組みを支援するという視点に立ち……」とあるように,幼児と児童と生徒といったライフステージを見通した地域での連携が読み取れます。

加えて,2008 年 3 月に公示 2009 年 4 月から実施された幼稚園教育要領においては幼小の連携に係る記載が多くなったり,保育所保育指針においても,小学校入学にあわせて「保育所児童保育要録」の送付が義務付けられるようになったりしています。こうした変化には,乳幼児期から学齢期,青年期といった各ステージでの発達課題の達成と,ステージ間の移行を確立させるといった支援体制を,地域を基盤とした総合的な支援体制の整備といったことを打ち出していることに注目できます。

2 集団と個別の配慮

障害のある幼児を園に受け入れた場合,まずは,その子をどの集団で受けとめるかということがけっこう話題となります。障害児保育や教育のこれまでの実践の中で,子どもに必要な集団活動の原則として,第一に生活年齢を同一と

した生活の場としての活動，第二に精神年齢を同一にした，より似たもの同士の発達段階としての活動，第三に生活年齢や精神年齢も区切らず幅の広い活動と分けられています。そして，子どもが所属する複数の集団の中で基礎集団の重要さが指摘されてきました。

　どの集団が適切かを判断するときに，その集団の中で安心して落ち着いて生活できること，自分自身をしっかりと出せることが基礎集団になるものと考えられます。障害幼児一人ひとりの障害，発達段階，体力などを配慮して，本人がのびのびと主体性を発揮し，自らの課題に取り組めるように一日の生活の中で質の異なる集団を保障していくことがポイントになってくるのです。一例として，基礎集団について生活年齢を同じくするクラスにおきながら，活動によっては精神年齢を同じくするクラスでも保育を行うとか，あるいはその逆の場合もあり得るといった柔軟性をもらせる支援が必要であると言えそうです。

　また，子どもによっては，集団に参加していく前段階として，保育者との1対1の関係づくりを要する場合，遠巻きに集団を意識している場合での関係作りをして，それを基礎にして力関係の似ている子，お世話好きな子との関係をつくっていけるように，だんだんと多くの子どもたちとのつながりをもてるようにしていく配慮も必要となってきます。

　さらに，保育所や幼稚園によっては統合保育を基本形態としつつも，各クラスから障害児を集めてグループを組んで保育する所も少ないながらみられます。これはリソースルームといわれる形態です。確かに統合保育の形態ではいくつかのメリットが指摘されていますが，子どもの実態によっては，障害児が健常児に「〜してもらう」という一方的な関係になりがちなので，障害児自らが主体的に関わることをねらって，障害児同士の場を併せて設定するという考えからです。

　要するに，ここでは障害児保育の形態について固定的に，機械的にとらえるのではなく，一人ひとりの最善の利益になるように，子どもの今の実態はもちろんのこと，あるいは，園の職員数（加配も含めて），教室数といった環境などの全体的な状況の中で，具体的に決定していくことになります。

　ところで，健常児の保育では集団づくりが展開されてきていますがこの点に

ついて障害児の保育ではどのようにとらえたらよいのでしょうか。確かに障害からくる独自な面がありますが、健常児の保育と共通する面も実践では指摘されています。ここでは交わりを築くという視点から述べてみます。

　一つに、日々の係活動です。クラスの仲間と関わりをもちにくい子、自閉症の子に対して、たとえばミルクの運搬と配る活動、テーブルをふく活動といった毎日の中でお決まりの役割を与えることが考えられます。ここでは、日常的に「みんなといっしょ」「他の子のために」の活動に参加して、お互いを意識して、関わりあう場面を意図的に設定していくということになります。もちろん、この場合、普段の本児の興味や関心に基づくといった点が最重視されるはずです。ある園では、自閉症のある子に、活動の場を明瞭化するために、いつも決まったテーブルクロスをひかせこれから食事の時間に変わるといった、視覚に訴え、実際に体を移動させるといった係活動を行っている場面をみたこともあります。

　二つに、集団の規模です。障害幼児の中には、集団（子どもの人数）があまりにも大きい多いことで参加できない、ワイワイガヤガヤといった大きな音に不安をもっていて参加できないといった場合があります。クラス集団といった規模ではなく、好みが合う子たちとの、活動をともにしやすい子たちとの小さな集団を組織することが必要となります。こうした工夫をもたすことによって、お互いに力を出し、人と人との関わり方を経験することになっていきます。

　読み聞かせを行うときにござを敷いて、その角に加配の保育士とともにすわって見ている場面に出会いましたが、居場所の確保や角という位置の配慮でもってその自閉症の子は注視できていました。

3　障害幼児に合わせた保育内容

（1）日課や行事について

　障害幼児ができるかぎりクラスの中で「みんなとともに」活動できるような日課や行事をどう工夫していくかを考えると、やはり日課や行事の見直しに迫

られるときがあるのではないでしょうか。こうした見直しでは，障害幼児を含む全体で共通するプログラムと，障害幼児のその子の課題に基づく個別のプログラムを考えることになります。換言すれば，一斉指導と個別指導が車の両輪のごとく必要であるということになりましょう。ここでは前者の共通するプログラムを考える際の留意事項について述べてみます。

　園での事例報告会に参加させていただくと，障害幼児の中には，ある活動場面から次の活動場面にきりかわるときに，ふんぎりがつかなかったり，行動を移すことができなかったりして結果的に集団からはみ出すといった報告を耳にすることがままあります。このように，知的障害のある場合であれば，先を見通す力がまだ育っていないために流れに乗っていくことができないと考えられます。

　ですから，日課において細切れの活動をさせるのではなくという発想が浮かびあがってくるはずです。できるだけ日課を大きな時間配分で組んだり，場面転換のときに時間でもって急がせるのではなくという配慮が必要となってきます。たとえば，今の遊びから次への活動に移行する際に，「～したら，みんなのところにいこうね」と周りの状況を話し，本人が見通しをもてるような言葉かけが大切となってきます。また，その子にしばらくつきあった上で，行動の切り替えができるような，次の活動に参加できるような，ゆったりとした，その子のペースを考えた働きかけが求められそうです。

　ところで，障害児保育では以上のような配慮はするものの，一方では「みんなとともに」がなかなか難しいといった声が聞かれるのも事実です。この場合，みんなと共通のプログラムでその子なりの興味，関心や今の力によって取り組むことになります。たとえば，運動会において全体で表現活動を演じる場合に，障害幼児の順番・位置などといった配慮がその企画に盛り込まれるといったことです。ここでは，部分的に取り組むということにもなってきます。プログラムの最終目標としては，みんなで達成ということになりましょうが，その過程においては保育者が障害幼児への個別的な援助を加味することになります。

　この部分的参加に対して，障害幼児の得意なことを積極的に評価して活動を

設定するといった観点もありえます。ある園で，迷路の絵本にこだわっている子を交えて，教室ではなく絵本のコーナーで読み聞かせの時間を多く割いているといった報告を聞いたことがあります。

（2）からだとこころ

　乳幼児期は，人間が心身ともに急激に発達する時期であることは言うまでもありません。この時期は，後の発達や学習のための基礎や，人間形成の基礎が培われていくための器としてのからだが形成される時期でもあります。

　障害児保育の目標のひとつに基本的生活習慣の確立があげられます。この習慣を身につけていくことは，健康なからだとこころを育んでいくことになります。たとえば，目覚めと睡眠のリズムを整え，目覚めているときにしっかりとからだを動かすこと，よくかんで咀嚼力をつけること，偏食をなおすこと，排泄をひとりでできるようにすることなど，これらの基本的生活習慣の確立をめざす取り組みがあげられます。

　この取り組みが行われる際に注意したいことに，個別的に訓練的に行われるのではなくという点です。保育全体の中で，子ども同士の遊び・生活活動の中で追求されなければならないと考えられます。他児との交流を深めたり，自信や達成感を味わったり，生きる意欲につながったりといった視点を見落とさないようにしたいものです。子ども自身が発達していく主体なのであって，健康なからだづくりの主人公であるからです。

（3）言　　葉

　言葉は，コミュニケーションの道具，思考の道具，行動調整の道具という役割があるといわれます。そして，言葉は対人関係の中で獲得されるものととらえられています。

　それでは，どのような点に留意したら言葉を身につけさせていけるのでしょうか。その土台としては，第一に，人間同士の感情の交わりがあります。第二に，実際の生活とつながって，生活上の必要が言葉を育てるといった点があります。特に，知的障害のある子どもには，こうした事柄にしっかり時間をあて

る必要があると思われます。家庭にあっては親やきょうだいとの関係，園にあっては保育者や他児との関係がたいへん重要になってきます。人と豊かな関わりある生活をどのようにしてつくっていくのかが問われます。また，言葉はそれ自体取り出して教え込むというのではなく，言葉の表出までには，たとえば「ジュースを飲む」という体験・行動，「ジュース飲む？」とたずねるとうなずく・わかること，こうした生活の中での経験や理解があって，「ジュース」という言葉を言うようになってきます。

　第三に，足腰を強めたり手指の働きを高めたりすることが言葉の発達と関連があるともいわれます。園にいる知的障害の子の中に，フラフラとしたつま先で不安定な歩きをする子をみかけることがあります。あるいは，手指の巧緻性で気になることがあります。しかし，こうした力が一定ついてくる中で語彙が増えてくるという報告を聞きます。すなわち，言葉はこれら諸々の発達の全体的結果であると言うことができます。ここでは諸能力の関連性があることを強調しておきます。

　障害児保育においては，以上のような言葉の土台づくりを大切とするとともに，直接的に言葉，認識の形成に視点をあてた取り組みが行われています。

　幼児期の障害児の実態として，理解言語が乏しく，さらに表出言語にまで結びつかず，それがために周りの人とのコミュニケーションが成立しにくくなり，集団遊びになかなか溶け込めないといった場合がみられます。こうした状態を克服するために，言葉，認識の基礎である表象言語としての「みたて・つもり」を豊かにする実践が取り組まれています。ここでは，たとえば，保育者が共感的理解の中で，「〜をやりたかったのだね」「これは〜なのね」と言い直すことによって，その子の「つもり」を意味づけ，イメージをつけるといったことが行われます。あるいは，目に見える具体的な活動をとりあげ，繰り返し話しをさせることで，よりイメージと結びついた言葉を増やし身につけさせていくことが行われます。

　さらに，保育者の役割には障害幼児に丁寧に，わかりやすく声かけをしていくこと，その子の気持ちを代弁して遊びの通訳者になって結びつけることがあるのではないでしょうか。そして，何よりも，子どもが保育者に伝えたい，聞

いてもらいたいという信頼関係を築いていくことが，言葉，認識を育てていく上で大切になると考えられます。

4　卒園後の就学に向けて

　障害児保育を進める中では，学齢期までにつけたい力として，大きくいうと話し言葉を獲得させる，②基本的生活習慣を身につけさせる，があります。こうした力をしっかりさせて次のライフステージにバトンタッチさせていくことが求められます。このごろ「移行」ということでその橋渡しの円滑さが話題となっていますので，ここでは，就学指導，就学相談のポイントについてふれておきます。

　就学指導は，子どもの発達，障害の種類・程度から教育的ニーズを把握して，就学先の選定と必要な教育環境の整備等を総合的に検討すること，さらに，親に助言や情報提供をすることをいいます。この就学指導を進める中で，その中心になるのが就学相談であって，就学先の学校をどこにするかを親と相談することをいいます。

　就学指導を進める上では，教育委員会等の公的機関が一方的に話を進め就学先を決定するのでは混乱が生じることになります。このようなこじれが起こらないためには次のような配慮が必要なのではないでしょうか。

　第一に，子どもの実態を把握するとき，知能指数や障害の程度等を参考資料とするものの，あくまでもここまで発達してきているという子どもの変容をもとにして学校を選択するようにしたいものです。数値などから機械的・固定的に子どもを見るのではなくという観点になります。

　第二に，常に子どもと親に共感的な態度で接し，親の意見表明を尊重して，必要な条件整備を考慮しつつ，学校を選択していくことになります。ここでは親との合意や納得の上で慎重に決定することになります。

　第三に，特別支援学校，特別支援学級，通常学級のそれぞれの教育の場を事前に参観，体験入学することで最適な場を選ぶこと，時には他の先輩の親のアドバイスを取り入れて参考にしてもらうことがあります。

特別支援教育になり，地域における障害児教育に関する相談のセンターとしての役割を果たすことが期待されているのが特別支援学校でもあります。さらに，幼小の連携が叫ばれる時代にもなってきており，その子が通学する地域内において情報が共有化できたり，発達してきたプロセスについて意見交換できたりすれば，それだけ子どもの今後の発達が促される条件は形成されることになります。たとえば，個別の指導計画を進める中で，短期目標と長期目標を掲げていくことで，一貫した保育と教育の内容と方法を提供できるシステムを地域で築いていくことが可能であると考えられます。障害幼児の卒園後の就学を見越して，幼児期から学齢期への移行をスムーズにできるように，地域の各々の機関の専門性が発揮され，ネットワークが形成されていくことが望まれます。

5 「気になる行動」「困った行動」についての理解

保育の場面で「落ち着きがなく，教室からとびだしてしまう」「こだわりが強い」「他の子どもを叩いたりする」「わざと悪いことをする」などの気になる行動，困った行動があると報告されることがあります。こうした行動に対して罰を与えればいったんはそのような行動はなくなるかもしれませんが，また別の行動があらわれたりして根本的な対応にはならないことは自明のことです。では，どのような基本的な理解が必要なのでしょうか。

たとえば，飛び出しについて，外へ飛び出して困るというのは，ある面では人手がたりないから困るといった保育者側の論理になります。ここでは子どもの側から困るという観点ではありません。ある子にとっては，じっくりと物事に取り組む力がないという見方ができます。子どものどのような力が育ちそびれているからという点検が求められそうです。また，外へ走っていくだけでは物理的な空間は広がるかもしれませんが，心理的な世界は広がるとは言えません。そのとき，一例として保育者が「マテマテ」と追いかけ遊びを楽しむ場面になったら意味が違ってきます。走るという行動が人と共有されることによって，交わる力が育つことによって，保育者の支えがあることによって，走るこ

とは，人とともに楽しむ遊びへと発展すると考えられます。ここには，子どもの側から，人々との交流を豊かにすることを妨げるから困るという論理があるのです。

　こだわりが強くいつも同じ遊びばかりをしている子もみかけます。ひとつの遊びにこだわっているのは，人との関係よりもものとの関係においてしか活動が組み立てられないという弱さをもっているという見方ができそうです。

　次につけたい力としては，周囲の状況をとらえたり，まわりへ関心を向けていったりすることが考えられます。保育者にとって，次への活動をおこさせようと先行しすぎると「させよう」という気持ちが先走りします。ときには，何かに集中して取り組んでいないと充実感が乏しいと感じることもあります。こだわりについては，まずは根気強くつきあってやることから始まるのではないでしょうか。ここでは「待つ」保育が求められることにもなりましょう。手をぬく，ただ見ているのではありません。しっかり観察することで，同じ時間や空間をともにすることで，子どもとの共感関係をつくり，保育者の方へ少しでも気持ちを向けてくれるようにもっていきたいものです。こんな中で「子どもが見えてくる」といった貴重な体験ができると考えられます。そして，行動がひと区切りしたところで次の活動へ誘っていくのも方法であります。確かに保育者にとってはかなりの根気強さが求められましょうが，ある意味では，こだわりを保障してやるというのは「〜ができるようになる」といった力を作り出す前段階とも言えそうです。「そのようなのんびりした時間は園にはない」というのも保育者の論理であって，どこまで子どもに合った保育に取り組めるかが問われていることだと思われます。保育者がゆったりと構えるためには，それ相応の保育条件や保育環境が必要とされます。

　また，他児を叩いたりする場合があります。こんな一例が報告されました。他の子どもといっしょにやりたいのだけれどもできない，あるいは拒否されたときに叩いたというのです。この子の場合，言葉の育ちが遅れ，いいたいことが上手に言葉で表現できないためにイライラしていたのです。からだの動きや意欲と言葉のアンバランスが他児を叩くといった直接表現する行動として出てくると考えられます。もちろん危険を回避する，生命の安全を守ることは第一

ですが，厳しく「だめ」と禁止する前に，なぜそうなったかという動機について考え，子どもの代弁をしたりジェスチャーを交えたりして，してはいけないことをていねいに話していくことが求められそうです。もちろん「家庭でのしつけがなっていないとか，お母さんがよくみてあげていないから」と保護者の問題に返してしまうのではなく，園での実践をもとに保護者といっしょに考えることがポイントとなります。

　以上，気になる行動，困った行動をとらえる基本的な理解として，障害があるからもたらされるという考えに終始するのではなく，人間として心の働きゆえにあらわれている行動と理解していくべきと考えられます。まさしく，子ども理解は内面理解なのです。その心のひとつには，障害があるゆえに育ちきっていない力をなんとか獲得させてほしいという願いであり，ふたつには，自分も友だちや先生といっしょに活動したいという願いです。気になる行動，困った行動の中に，発達への要求をくみとり，発達それ自体を促すことでそうした行動を軽減，変化させる取り組みが障害児保育の本質なのです。

6　軽度発達障害幼児の保育

（1）軽度発達障害幼児の理解

　現在，軽度発達障害と呼ばれる障害名は，軽度の知的障害，広汎性発達障害，学習障害，注意欠陥多動性障害，発達性協調運動障害の5つです。園においては，こうした障害が診断されている子がいれば，もしかするとそうかもしれないといった疑わしい子がいます。健常児との境界線が不明瞭なところがあって一見するとわかりにくいこととなります。これらの障害をめぐっては，認めにくさや判断の難しさがあって，保育所や幼稚園でのたいへんさがクローズアップされてきているのが現状です。

　ここでは，それぞれの障害についての各々の疫学や診断基準などは割愛して，筆者が園で行ってきました事例検討会（事前に園での記録を読み，当日子どもの観察をした上で今後の指導方法や内容を園全体で検討する会）での子どもたちの変容する姿から保育していく上でのポイントをまとめて見ることにし

ます。

　まずは，多くの事例にみられる行動特徴は，社会性の力が育っていないということがあげられます。たとえば，一人遊び，集団に入れない，視線が合わない，順番ができないなどです。もうひとつの行動特徴は，自制心が育っていないということがあげられます。自分の感情や欲求をまわりの状況に合わせてうまく調整していく力が自制心であって，通常は3歳後半から4歳に獲得されるものですがこれが育っていないのです。

　事例検討を進める際には，こうした軽度発達障害をめぐって養育環境，生活の様子を把握することが前提になると考えられます。たとえば，子どもにとって安心できる人と場といった「居場所」があるのか否か，生活リズムがくずれていないか（遅寝・遅起，朝食を食べない，毎日の排泄がないなど），特に母親との関係で愛着関係があるのかどうか，母親が子育てにあせり，不安をかかえていないかなどです。実は，子どもの自制心の形成に向けてはこの愛着関係が築かれていることが前提であったり，母親が心理的に揺れているときは，子どもも不安定で気になる行動を示すことがあったりするからです。

（2）軽度発達障害幼児の指導原則

　気になる行動，困った行動への子ども理解については先述してみましたが，やはり共感的理解と発達的理解はここでも不可欠になると言えます。

　第一に，社会性の獲得についてです。1対1の関係から，他児や保育者との関係づくり，役割や出番をつくったりして集団遊びの中へ，人と関わるおもしろさや心地よさを体験させる，自分の思いを表現させるなどがポイントとなってきましょう。

　第二に，自制心の獲得についてです。たとえばアスペルガー症候群の子どもには固有の世界，感じ方があるように，本人のView（意見・つもり）を読み取り，保育者が代弁したりして，クラスのみんなに伝えることです。この場合，一方でクラスの集団づくりをすることが求められます。

　第三に，劣等意識を植えつけないことです。少しでもがんばったところ，いいところを具体的に，みんなの前で評価してやることを忘れないことです。単

に本人を呼び出してほめるというよりも，集団の力動性に注目してクラスの中でうんとほめてやることが，やはり達成感や成就感を大いにもたせることにつながります。

　第四に，家庭，特に母親への支えです。母親が求めるのは具体的な育児アドバイスであり，励ましなのです。そして，ときにはいつでもSOSを出してもいいこと，孤立させないこと，ほっと一息できる休息を確認していくことがあります。

7　インクルージョン保育をめざして

　1994年にスペインのサラマンカにおいて，ユネスコとスペイン政府によって「特別ニーズ教育に関する世界大会」が開催され，その中で「特別なニーズ教育における原則，政策，実践に関するサラマンカ声明ならびに行動要綱」が採択され，新たな教育のありかたが提言されたのです。このサラマンカ声明の重要なキーワードがインクルージョン（inclusion）です。インクルージョンとは，包括的とか包み込むという意味です。それは特別な教育的ニーズのある子どもだけではなく，すべての子どものためにという着眼であります。この声明の第53条には，幼児期の教育としてインクルージョンを認識すべきと明記されています。

　ところで，今日まで障害児の保育や教育では統合が志向されてきました。ここではインテグレーション（integration）が主張され，それまで分離されていた健常児と障害児という異なったものがひとつに統合されるということがとらえられてきました。これに対して新しく唱えられたインクルージョンは，加えて，さらに通常の保育や教育自体を変えていこうとする点でインテグレーションとは異なります。簡潔にいうと，万人のための園や学校にしなくてはならないという発想であります。

　わが国の現状を見ると，まだインクルージョンについては遅々としていると言っても過言ではないでしょう。また，特別支援教育が2007年よりスタートし，通常学級にいる軽度発達障害児も対象とするようになりましたが，すべて

の子どもをという観点からはまだ限定的とも言えるかもしれません。不登園，情緒不安定，被虐待，外国籍，病弱など障害児以外で特別なニーズのある子どもたちがいるからです。

　詩人の金子みすゞは『私と小鳥と鈴と』の中で，「みんなちがって　みんないい」という一節をうたいました。クラスにはいろいろな子どもたちがいてあたりまえ，その子どもたちに配慮ができる雰囲気があること，保育者や教師にはさまざまな特別なニーズに関する知識と力量，細やかな計画が求められる時代が一歩ずつ近づいてくるのです。インクルージョン保育は，これからの保育を支え，切り拓く崇高な根本原理であることを確認したいものです。

参考文献

長谷川眞人・神戸賢次・小川英彦　(2001)『子どもの援助と子育て支援──児童福祉の事例研究』ミネルヴァ書房.

小川英彦・川上輝昭　(2005)『障害のある子どもの理解と親支援』明治図書.

伊藤嘉子・小川英彦　(2007)『障害児をはぐくむ楽しい保育』黎明書房.

伊勢田亮・小川英彦・倉田新　(2008)『障害のある乳幼児の保育方法』明治図書.

小川英彦　(2009)「『遊び』を通した集団づくりと指導の展開」湯浅恭正編『芽生えを育む授業づくり・学級づくり〔幼稚園～小学校低学年〕』明治図書.

愛知教育大学教育学部附属幼稚園『研究紀要』第32集 (2003)，第33集 (2004)，第34集 (2005)，第35集 (2006)，第36集 (2007)，第37集 (2008)，第38集 (2009).

　　　　　　　　　　　　　　　　　　　　　　　　　　　　（小川英彦）

I 幼児期における障害のある子ども支援

コラム1　障害の早期発見から対応へ

　乳幼児健診には，1・3・6・9 カ月・1 歳・1 歳半・3 歳児健診があります。その内，わが国では 3 カ月健診，1 歳半健診，ならびに 3 歳児健診を受けることが法律で定められており，全国の自治体にて無料健診が実施されています。また，5 歳児健診が行われている自治体も見られるようになりました。たとえば 1 歳半健診では，「視線が合うか」「指示した対象への指差しができるか」「積み木を 2 個以上積むことができるか」「簡単な指示が理解できるか」などの項目について確認が行われます。これらの項目は，「1 歳半頃になると，子どもの心身にはこのようなことをする準備（レディネス）が整う」という，いわば「発達している状態を見極めるためのものさし」です。

　1 歳半健診では，家族以外の第三者である保健師によって，実際の子どもの様子を生活年齢と照らし合わせ，発達状況が確認されます。そこで子どもの発達にアンバランスが見られた場合には，その親子を月一回，あるいは週一回程度の親子教室に誘います。今日では，1 歳半健診を終えた子どもの内，およそ 3 割にあたる子どもがこの親子教室に参加しています。但し，親子教室への参加を促されたすべての子どもたちに障害があるとは限りません。親子教室で受ける支援（親子ふれあい活動や，子どもへの関わり方についてのアドバイスなど）により，子どもの発達のアンバランスが改善され，その後順調に発達をしていく子どもたちもいます。

　発達のアンバランスが確認される子どもの保護者の中には，家庭でわが子の対応に苦慮している場合が決して少なくありません。「子どもの行動や言動に向けた具体的な対応法が見つからないために，つい子どもを強く叱る回数が多くなる」という声も頻繁に聞かれます。一方，子どもの立場からすれば，「見たこと，感じたことを素直に表現しているだけ。なぜ叱られ続けるのかわからない」という目に見えない課題を抱えながら懸命に生きているのです。このような状態が長引くことは，保護者と子どもの双方にとって非常に息苦しい時期が延長されることを意味します。

　子どもの発達の偏りについてできる限り早期に気づくことが，叱咤などによる子どもの心的外傷を防止し，その後の心身の発達を促進させることにつながります。現在，発達上に課題をもつ子どもとその保護者に向けた支援については，教育・福祉・医療の各方面が地域で連携する形（ネットワーク）で進められています。

　子どもの最善の利益を保障するために，発達のアンバランスに気づいたら，その子どもがどのような保育・教育機関にて発達支援を受けるのが最適であるのかについて，幅広い視野をもって選択していく必要があります。最近では，保護者自身が子どもにとって最良の療育者になることを支援していく，という新たな考え方で家族支援が進められるようになってきています。

（高尾淳子）

第4章

障害児保育の実際　Ⅰ──知的障害児通園施設での取り組み

　子どもたちは，日々の生活の中で，さまざまな人や物と関わり，そこから多くのことを学び影響を受けています。園での生活に慣れ，半年が経った頃，他の子に関心をもち始める子どもが増えてきました。大人との関係から子ども同士の関係へと広がりつつあり，人に興味が出てきたことで，他の子の模倣をして楽しみ，そして，人への関心が子どもたちの中でより高まっているような印象を受けるようになってきました。

　ここでは，子どもの模倣と，それに対する職員の関わりにより，子どもの姿にどのような変化が生じるのか，子どもたちの関係性を効果的に明らかにできる方法を試行的に取り入れた実践を紹介します。

1　施設の概要

　筆者の勤める知的障害児通園施設は，知的に障害のある幼児や，発達に遅れのある幼児（自閉傾向も含む）および重複障害のある，おおむね3〜5歳の幼児を対象としています。

　日々，保護者のもとから通園し，療育するとともに，情緒の安定を図っていくこと。個々の子どもの発達に即したいろいろな遊びを通して，まわりへの関心を広げていくこと。諸機能の発達促進を図り，社会生活に参加していく意欲がもてるよう育てていくことを，施設の目的としています。

　また，食事・排泄・着脱等，毎日繰り返すことで無理なく基本的な生活習慣を知らせ，日常生活の中でできる部分を増やし，安心して生活できるようにすること。いろいろな遊びを提供したり，一緒に遊ぶことにより，遊びを共有したり，共感することで個々の信頼関係をより密なものとし，集団の中で人との

関係，社会性を育て，社会的適応性を高めるようにすること。職員や他児との日々の生活や，リハビリスタッフとの訓練を通して，運動的・言語的・知的機能の発達を促すようにすることを，療育の目的としています。

　定員は現在のところ35名とし，子どもの特性をもとに4クラスに分け，異年齢クラスでの療育をしています。

2　子どもの模倣と職員の関わりについて

（1）子どもの模倣に着目した理由

　日々の療育の中で，子ども同士の模倣が多く存在していることに気がつきました。たとえば，手遊びや体操，ままごと遊びなどを模倣して，遊ぶ楽しさを広げる姿，片付けや食事の摂り方など，生活の一場面を模倣して，習得する姿などが見られています。一方，座る時間に離席をする子を見て，離席をする，玩具を投げる姿を見て一緒に投げて遊ぶなど，望ましくない行動を模倣する姿も多く見られています。このように，子どもたちの模倣の中には，望ましい模倣と，そうでない模倣が混在していることにも気がついたのです。

　また，クラスの中で注目される子どもは，たいてい決まっているような印象を受けました。模倣をする子どもはその子に影響を受け，その子どもに近づこうとしているのではないかと感じられることがあり，また，職員が他の子に関わる姿を見て，その行動を模倣して，職員の注目を求め，気を引こうとすることも考えられました。

　そこで，注目される子どもの気になる行動に，職員が働きかけることによって，気になる行動を望ましい行動に転化させた場合や，注目される子どもの良い行動を評価し，強化した場合，それを見ていた子どもの行動にも変化が生じるのか？　注目される子が他の子に与える影響力と，友だちを観察し模倣できる子の興味の大きさ，この2つの相乗効果を期待することは，できないだろうか。こうした思いを込めて試行的に行った実践です。

（2）実践方法

- 注目されるタイプの子どもをモデル児（モデル児A，1名），そのモデル児を模倣するタイプの子どもをケース児（ケース児B，ケース児C，2名）としました。
- 療育中，ケース児が，モデル児の行動を模倣している場面において，職員がモデル児の行動を変化，または強化させたときの，モデル児の行動の変化と，それに伴うケース児の行動の変化を，作成したシートに書き込みました。
- 観察期間は約1カ月間で，模倣が見られた時の様子を記録しました。（資料4－1，資料4－2）
- そのシートから，ケース児及びモデル児の行動の変化や，変化の要因，職員の関わり方を考察しました。
  （このシートは，子ども同士の関係を明瞭化するために私案として活用してみたものです）

（3）実践の内容と考察

【事例1（モデル児A―ケース児B）から（資料4－1参照）】

事例1では，朝や帰りの会などで座っているときに離席してしまう場面（⑤⑦⑧）と，ホールに出る前に部屋のおもちゃを片付ける場面（①④⑨）が特徴的でした。

モデル児Aが，朝や帰りの会の途中で離席をしてしまうと，本来，朝や帰りの会が好きで，絵本の読み聞かせや手遊びに集中していたケース児Bは，モデル児Aが離席することを見るなり離席をしました。職員は，モデル児Aに，座る時間であることを伝えたり，モデル児Aが楽しみにしている，次の活動を知らせたりして，席につくように促すと，モデル児Aが着席することにより，ケース児Bは着席することができました。

一方，午後ホールに出るために，職員がクラス全員に，それまでの室内遊びで使用したおもちゃを片付けるように声をかけると，早くホールに出たいために率先して片付け始めたモデル児Aに対し，ケース児Bは遊びに夢中で，モ

Ⅰ 幼児期における障害のある子ども支援

資料4-1

事例1							※Tを職員とする
①10月6日				②10月7日			
モデル児A	+	→ T Bに、Aの片づけの様子を見るように声をかける。	モデル児A'	+	モデル児A	+	→ T Aに「ホールに行きたい子は靴下をはきます」と声をかける。	モデル児A'	+

①10月6日				**②10月7日**			
モデル児A + おもちゃを片づける。		→ T Bに、Aの片づけの様子を見るように声をかける。	モデル児A' + 得意気に片づける。	モデル児A + 靴下を脱ぐ。	→ T Aに「ホールに行きたい子は靴下をはきます」と声をかける。	モデル児A' + 靴下をはく。
ケース児B − その様子を見ておらず、遊び続ける。			ケース児B' + Aを見ながら、少しずつ片づけ始める。	ケース児B − 靴下を脱ぐ。		ケース児B' + 靴下をはく。
③10月8日				**④10月15日**			
モデル児A − 部屋を飛び出す。		→ T Aに戻るように声をかける。	モデル児A' − 呼びかけに応じず、ホールに行く。	モデル児A + 片づける。	→ T Aを褒める。Bの意識がAに向くように声をかける。	モデル児A' + 片づけを続け、Bを片付けに誘う。
ケース児B − 部屋を飛び出す。			ケース児B' + 呼びかけに応じて戻ってくる。	ケース児B − 遊んでいる。		ケース児B' + 片づけをする。
⑤10月16日				**⑥10月27日**			
モデル児A − 帰りの会の途中に離席をし、床に寝転ぶ。		→ T 座るよう、声をかける。	モデル児A' + 着席する。	モデル児A − マットの部屋を、シューズをはいたまま歩きまわる。	→ T Aに、出入り口に向かうように声をかける。	モデル児A' + 指示を聞いて出入り口付近に戻り、ホールに出る準備をする。
ケース児B − 離席をし、床に寝転ぶ。			ケース児B' + 着席する。	ケース児B − シューズをはいたまま歩きまわる。		ケース児B' + 出入り口付近に戻る。

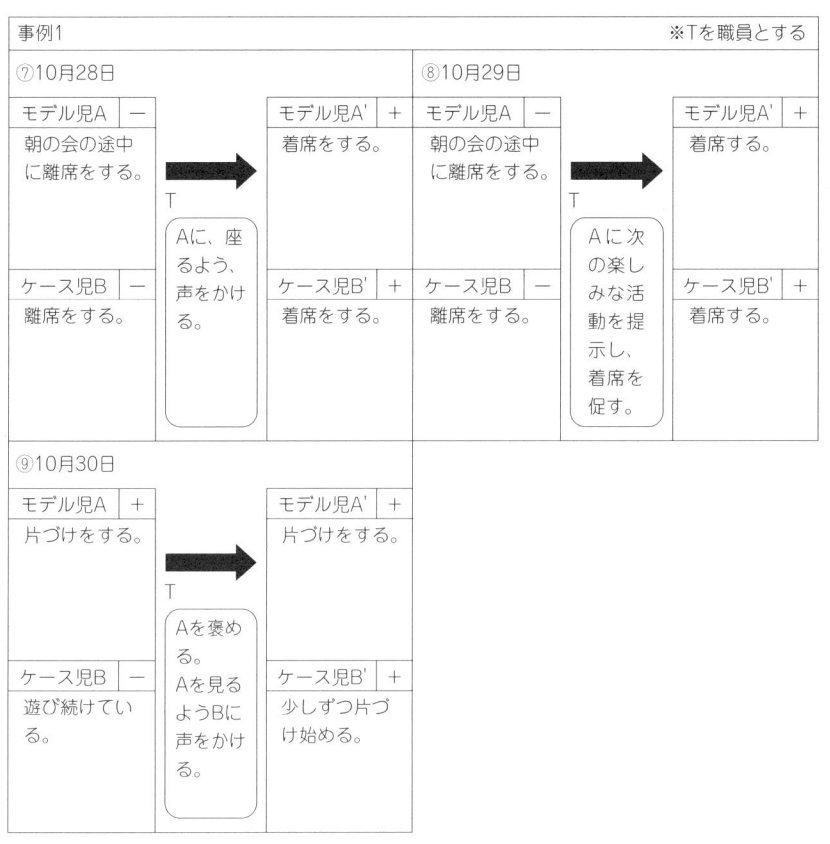

事例1							※Tを職員とする
⑦10月28日				⑧10月29日			
モデル児A　−		モデル児A'　＋		モデル児A　−		モデル児A'　＋	
朝の会の途中に離席をする。	→T Aに、座るよう、声をかける。	着席をする。		朝の会の途中に離席をする。	→T Aに次の楽しみな活動を提示し、着席を促す。	着席する。	
ケース児B		ケース児B'　＋		ケース児B　−		ケース児B'　＋	
離席をする。		着席をする。		離席をする。		着席する。	
⑨10月30日							
モデル児A　＋		モデル児A'　＋					
片づけをする。	→T Aを褒める。Aを見るようBに声をかける。	片づけをする。					
ケース児B　−		ケース児B'　＋					
遊び続けている。		少しずつ片づけ始める。					

デル児Aの姿も目に入らず遊び続けていました。そこで，職員は，率先して片付けを行うモデル児Aを褒め，より意欲が増すような声かけや，ケース児Bに，「Aを見てごらん。かっこよくお片付けしているよ」などと，モデル児Aを意識させるようにしました。すると，モデル児Aは，より片付けに力を入れたり，「B，ホール行こうよ」とケース児Bを誘ったりする姿が見られました。すると，ケース児Bは，きっかけは職員の声かけでしたが，モデル児Aに触発されて片づける姿がありました。

　この2つの場面において，ケース児Bは，モデル児Aの気になる行動を模倣していましたが，モデル児Aがそれをやめることによって自分もやめ，モデル児Aの良い行動に，職員の働きかけで目を向けることによって，良い行

動を模倣することができました。職員の関わりは間接的に働いたという印象を受け，モデル児Aの行動が直接的にケース児Bに影響したように考えられました。

【事例2（モデル児A―ケース児C）から（資料4-2参照）】

事例2においては，おもちゃを投げていたモデル児Aが，職員の声かけにより遊び方を変化させた様子があります。ケース児Cは，モデル児Aのその様子を意識して見ておらず，投げて遊ぶこと自体を楽しんでいるようでした。

それは，楽しい時間を好きな友だちと共有したい思いが強いのではないかと考えられました。モデル児Aがきっかけとなり，投げて遊び始めましたが，モデル児Aの行動の変化を模倣するのではなく，自分の興味に合わせて遊ぶことを優先させているようでした。また，気が散りやすく，やや多動な面が見られるケース児Cの特性も，この結果に関係しているのではないかと考えられました。

3　実践を通して――まとめと今後

この実践では，療育者にとって気になる行動ほど模倣する子が多いのはなぜか，と感じ，その気になる行動を変化させることで，模倣する子どもに変化があるのかというところから始めました。ただ，物を投げるなどの気になる行動について，問題と感じているのは職員であることがほとんどであり，モデル児が示す気になる行動は，その行動自体を楽しんでいる場合や，職員の気を引きたくてする場合や，活動から興味がそれている場合がありました。模倣する側のケース児たちも，問題と感じていないことが多く，模倣そのものを楽しんでいる場合や，模倣をきっかけに遊びに夢中になったり，職員の気を引きたくて模倣したりする場合がありました。今回の実践では，モデル児の気になる行動を職員が変化させる試みでしたが，気になると感じていた行動も，実は玩具を投げあったり，離席をしあったりする中で，楽しい遊びになっているようにも感じました。気になる行動を「問題」としてとらえるのではなく，子どもの行動の裏に存在する気持ちに思いをはせ，内面に寄り添い，うまく満たしていき

第4章　障害児保育の実際　Ⅰ

資料4－2

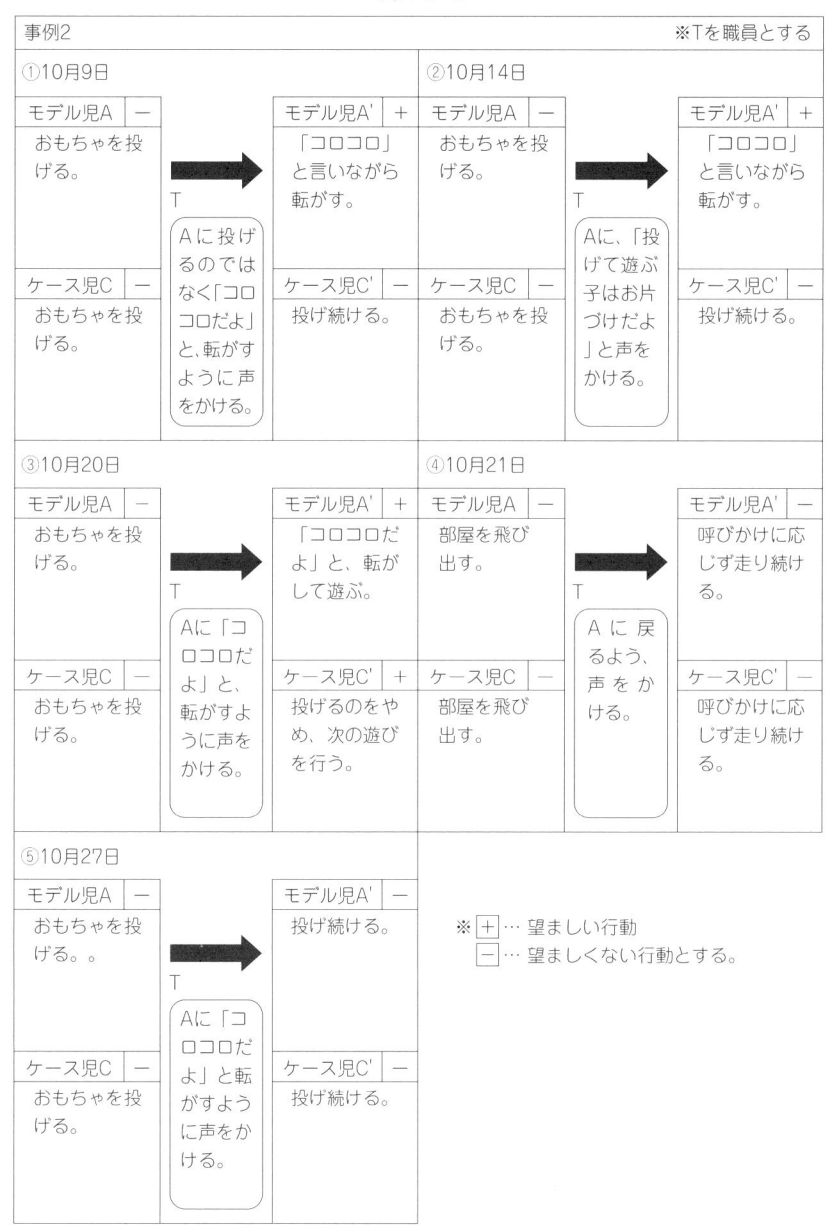

事例2							※Tを職員とする
①10月9日				②10月14日			
モデル児A ｜ －	→	モデル児A' ｜ ＋		モデル児A ｜ －	→	モデル児A' ｜ ＋	
おもちゃを投げる。	T Aに投げるのではなく「コロコロだよ」と、転がすように声をかける。	「コロコロ」と言いながら転がす。		おもちゃを投げる。	T Aに、「投げて遊ぶ子はお片づけだよ」と声をかける。	「コロコロ」と言いながら転がす。	
ケース児C ｜ －		ケース児C' ｜ －		ケース児C ｜ －		ケース児C' ｜ －	
おもちゃを投げる。		投げ続ける。		おもちゃを投げる。		投げ続ける。	
③10月20日				④10月21日			
モデル児A ｜ －	→	モデル児A' ｜ ＋		モデル児A ｜ －	→	モデル児A' ｜ －	
おもちゃを投げる。	T Aに「コロコロだよ」と、転がすように声をかける。	「コロコロだよ」と、転がして遊ぶ。		部屋を飛び出す。	T Aに戻るよう、声をかける。	呼びかけに応じず走り続ける。	
ケース児C ｜ －		ケース児C' ｜ ＋		ケース児C ｜ －		ケース児C' ｜ －	
おもちゃを投げる。		投げるのをやめ、次の遊びを行う。		部屋を飛び出す。		呼びかけに応じず走り続ける。	
⑤10月27日							
モデル児A ｜ －	→	モデル児A' ｜ －					
おもちゃを投げる。。	T Aに「コロコロだよ」と転がすように声をかける。	投げ続ける。		※ ＋ … 望ましい行動 　－ … 望ましくない行動とする。			
ケース児C ｜ －		ケース児C' ｜ －					
おもちゃを投げる。		投げ続ける。					

ながら，職員の意図を伝えていくという療育観（子ども理解）が重要になってくるのではないかと思いました。

　しかし，子ども同士での模倣に注目し，気になる行動を変化させた今回の実践を通して，モデル児に職員が関わることで，モデル児の行動が変化し，その行動を見てケース児の行動が変わっていくことが多いと感じられました。子どもたちの行動の変化を追う中で，子どもたちは子ども同士で育ちあう，たくましい力をもっているということに改めて気づくことができました。園生活の中で子ども同士の関わりあいは多く存在しており，その相互作用を十分に保障し，今後も子ども同士での育ちあいを伸ばしていきたいと考えています。

　さらに，発達の遅れがあり，コミュニケーション能力の低い子に対しては，子ども同士の関わりあいにおいても，遊びにおいても，職員が手本を示したり，間に入ったりしながら，より丁寧に関わる必要があると感じています。子ども同士の関わりあいにおいて，たとえば言葉で伝えることができずにもどかしい思いをしている子がいたら，その気持ちに職員が気づき，くみとり，その思いを代弁するなど，職員が仲立ちとなって遊びを発展させていき，一緒に遊ぶ楽しさや，楽しさを共感することを体験させていくことが大切なのだと思います。遊びの場面においては，遊び方を知らないなど経験不足で遊びの世界が狭く，自分でその世界を広げていくことが難しい子どもも多いのではないかと感じています。そこで，実際的・具体的に玩具の使い方や，遊び方を提示して，いろいろな遊びができることや，そこから自分で選択して遊ぶこと，興味を広げていくことにつながるような個々の配慮も大切にしていきたいと考えています。

　時には子どもたちの育ちあいを，後ろからそっと見守ってサポートする。時には，子どもたちに選択肢を提示しながら，ゆっくりとリードしていく。療育の中でのなぜ？を，今後も子どもたちと一緒に探っていきたいと思っています。

参考文献

長谷川眞人・神戸賢次・小川英彦編著（2001）『子どもの援助と子育て支援──児童福祉の事例研究』ミネルヴァ書房.

（新谷瑞恵）

第5章

障害児保育の実際　Ⅱ——幼稚園での取り組み

　本園では，開園当初から，障害のある子どもたちが在園していました。積極的ということではなく，特別視することなく一度も入園をお断りすることがなかったということからです。10年程は，保育がぎくしゃくすることもありました。しかし，常に保育を見直し工夫を重ねていくうちに園全体が大らかに保育のできる雰囲気ができました。障害のある子どもを受け入れて保育をするのではなくて，障害のある子どもを受け入れていけるように保育をすることが大切であるという意識が園全体に定着しました。この意識は，子どもとしっかり向き合う丁寧な保育の基本だと考えます。

　医療関係者をはじめとする専門機関との連携，保護者との信頼関係，保育者間の協力体制のどれもこれも子どもの発達のためにこうした大きな輪ができた時，たくさんの目で子どもを見ることができ，安心感に支えられて，豊かな保育が生き生きと展開できるのだと思います。

1　発達障害児への理解と育ちの援助

　障害のある子どもには，ほとんど例外なく「問題行動」と呼ばれる行動がみられます。しかし「問題行動」というのはその行動を問題にする人がいるから存在するのです。「問題行動」は問題にする人の価値観や人間観によって問題ともなるし，全く当然な行動ともなります。幼稚園での生活は，他の子どもには何でもないことであっても，障害のある子どもにとっては，何が始まるのかわからないことも多いのです。わからないので不安は大きくなり，逃げ出したくなるようなことも起きます。保育者が障害児の気持ちを受け止め，じっくり関わり生活の場を広げていきます。保育者との愛着関係もできていきます。そ

の過程で周りとの関わりも広がっていきます。その言動も穏やかになり「問題行動」は目立たなくなっていきます。

【高機能自閉症児Sくんの3年間（3歳8カ月で入園）】
（1）入園前の様子を母親から聞く

　「2歳のとき保育所にて『他児と違う』と指摘される。ひっかいたり，かみついたりする加減のない行動が多すぎる。止めに入る保育者に対しても攻撃的で甘えてこない。家庭では母親に対してひっかき，かむという行為が続いている。音に敏感で眠りが浅い。嬉しいことがあると過剰に反応し大騒ぎになる。3歳児健診で，専門機関への相談を進められる。小児精神科医の診断を受ける。」という報告を受けました。

（2）年少・新しい環境に慣れる

　保育所時代になぜ保育者に対して攻撃的になり，甘えられなかったかに注目して保育を出発させました。2人担任のうちの1人が個別に関わりました。母親の不安感を察して，約2週間は母子通園で，喜んで登園していました。
　しかし，しばらくすると，かばんも降ろさずにすぐに気に入っている三輪車に乗って遊び始めるようになりました。そのことを母親が静止すると怒ってかみつこうとしたり，ひっかいたりすることが度々ありました。Sくんの園生活を今あるルールにこだわらずに三輪車に乗って満足感を得たところで保育室に入り，シールを貼り，かばんをしまうという方法で進めていくことを提案しました。「集団生活のルールを身に付けさせたい，初めが大切では……」という母親の思いを受け止めつつ，「ルールは子ども1人1人が園生活を過ごしやすくするためにあるもので，必ずしも同じように出発しなくても大丈夫である」という説明をしました。保育者も三輪車に付き合い，Sくんの満足感を感じ取る努力をしました。タイミングよく「部屋に行こうね」と誘う方法を繰り返しました。1週間ほどで，三輪車で遊ぶ時間が短くなりました。母親も安心し，バス通園に切り替えました。バスから降りると他児と一緒に保育室に行くリズムができてきました。ときどき三輪車に向かって行こうとするが，「シールを

貼ってかばんをロッカーにしまってから三輪車に乗ろうね」という保育者の言葉かけに「そうしようね」とすんなり受け入れました。

　この約束は必ず守るようにしました。かばんをロッカーにしまうと「さあ三輪車に乗ろうね」と嬉しそうに靴を履いて走っていく姿が多くなりました。先の見通しがつかないと不安になり，保育者のところに走ってきて「何するの，何するの」と必死に訴えることもありました。丁寧に説明し「先生がいるから大丈夫」というと安心しました。

　「かごめかごめ」「はないちもんめ」といった遊びに興味をもち，近くまで来て歌を歌いながら入ったり出たりを繰り返しました。保育者以外と手をつなぐことを嫌がり，手をつながずに参加しました。「楽しいね」と他児の顔を覗き込むように言ったり，他児がじゃんけんをしているのを見て「やったー」とか「見て見て」と興奮状態になったりしてしまうこともありましたが，他児との関係は少しずつ広がっていきました。手足の汚れ，服の汚れに敏感で砂場に興味はあるが参加するまでに時間が掛かりました。バケツとスコップを持ってそっと砂を入れ，バケツが一杯になると保育者に「見て見て」と声を掛けてきました。「ほんとよかったね」と他児が気づくように言葉を返しみんなで砂場にいることを感じさせました。食事では野菜が苦手で「口の中が変，ごそごそする，ワーいやだ」と言って自分の手のひらに吐き出すこともありました。トイレは他児のいないときを見計らって済ませていました。ときどき失敗をすると保育者に近づいて「着替えます」と言って自分で着替えました。

　1年間は，Ｓくんはどんな子どもであるかを「よく知る」「気持ちを感じてやる」「Ｓくんのすべてに慣れる」に全力を投入しました。少しずつ園生活のリズムを体験的に学び，大勢の中で喜んで生活できることが広がっていくように援助しました。園ではかみつき，ひっかきは全く見られませんでした。しかし家庭ではときどき興奮状態になり，母親をひっかくこともあるとの報告がありました。

　運動会や劇遊び等の行事も「丁寧に説明する」「保育者と一緒に何度でもやってみる」「不安感をわかってやる」ということに気を配ることで，混乱なく過ごせました。

（3）年中・友達のやっていることに関心をもつ，まねる

　年少1年間で担任との愛着関係ができました。園内で声をかけてくれる保育者にも，「ねえねえ」と話しかけたり，「見て見て」と親しみをもって接していくことが増えました。クラスが変わり担任が変わったことにもすぐに慣れていきました。保育者が個別に付かず見守る方針で出発しました。しかし4月当初，年少の2学期からは不安感もみせずできていた身体測定の場面で急に，「どうやって脱ぐの」「やってやって，できないできない」と大声で保育者を呼びました。手伝ってもらうことで安心し，ほとんど自分でできました。5月からは落ち着きました。他児の遊びに関心をもち，しっぽ取り鬼遊びに自分から参加しました。しっぽを付けてもらい保育者に追いかけられ，他児と一緒にキャーキャー言って走り回る姿が増えました。

　2学期になると保育者を探すこともなくなり関心のある遊びに自然に溶け込んでいく姿が増えてきました。同じバス停のＴ子ちゃんが「ぶらんこをやろう」「砂場に行こう」「コロッケやさんやるから買いに来て」等々誘ってくるのを嫌がることなく参加していきした。Ｔ子ちゃんの一方的な誘い掛けがほとんどなので，ときどき「いいよいいよ今日はやらない」とうまく関われない様子も見られました。時には，保育者が間に入り「Ｓくん，コロッケやさんやってみたいよね」といった具合に具体的に援助しました。「今日はぼくがコロッケやさんやりたい」という具合に自分の気持ちを伝えて遊びに入っていくことも少しずつ増えてきました。運動会では「僕がんばるよ」と楽しみにしている気持ちが伝わってきました。食事では苦手なものは「少しにしてください」と，他児と一緒に量の調節を伝えてくることができるようになりました。お当番活動も順番が来るのを楽しみに待つようになり，張り切って参加しました。

（4）年長・そだつ

　落ち着いて進級できました。「年長は幼稚園で一番お兄さんですね」と担任に親しみを込めて話しかけてきました。文字が読めて書けるので保育者が何か書いていると興味をもって覗き込んだり「明日はプールでしたね」と予定を知ることを喜んだりする様子が伝わってきました。以前から少しずつ取り入れて

はいましたが、この一年、一日の流れを書いて表示することにしました。

　他児に混じって話しを聞くことはできるが保育者の言葉にいちいち反応しやすく「あのね、それはね……」といった具合に話しかけたくて我慢できなくてしゃべり始めてしまうこともあり、他児から「うるさい」と指摘されることも度々でした。保育者が「Sくんの話はこのお話が終わったらゆっくり聞きます」というように伝えると「わかった」と待てるようになりました。この約束は必ず守るようにしました。2学期になり「運動会で何するの」と毎日のように聞くようになりました。年少・年中と違い年長児は種目も多く一斉に練習する時間も長いので不安感があるようでした。一日の予定を細かく書いて示すようにし、一つ一つ丁寧に説明しました。この説明はクラス全体の中で他児も交えて応答的に進めました。安心したようで「僕はリレーで早く走るよ」「○○がやりたい」と具体的に自分の関心事を話すようになってきました。他児との競争心も芽生え始め、リレーに負けると悔しがったり、同じチームの友だちと「今度は負けるもんか」と、うれしそうに話をしたりする様子も増えてきました。当日もよろこんで参加できました。

　絵を描くことに苦手意識が強く、「どうやって描くの」「描けない」と嫌がる様子がありました。年少・年中では描いたり描かなかったり、保育者に手伝ってもらったりしてきましたが、年長になり「教えて教えて」と描きたい気持ちを伝えてくるようになりました。「ぞうさんはどこが長いのかなあ」「からだは大きいね」「色はどんな色をしてる」といった具体的な言葉かけをし、イメージした形を言葉で表し、それを描くという援助をしました。初めは「やっぱり描けない」ということもありましたが、周りの子が描いてる様子を見たり、絵本に載っている絵や写真を見たりしながら、段々に自分で形をとらえ描くようになっていきました。色を塗ることにも興味をもち、いろいろな色を使い分けたり、汚れるからといって嫌がっていた絵の具をよろこんで使うようになりました。役割分担もスムーズにできるようになり、劇遊びでの、「おおかみと子ヤギのお話し」では子ヤギを張り切って演じました。台詞の覚えは早く他児からも頼られて満足感を得たようです。このころになって家庭での母親をひっかく行為もほとんどなく、過剰に興奮することも少なくなり落ち着いてきたとい

う報告がありました。

（5）Sくんの発達から見えてくること

　保育者と母親への攻撃的な行為は思い通りにならない不満，我慢，不安等が〇〇したいと行動に出そうとしたときの禁止語や静止行為によって噴出したものだと判断しました。言語によるコミュニケーションが未熟な年齢なので保育者は，教える努力をすることよりも気持ちを受け取る努力が必要であるという方向を決めました。「三輪車に乗りたいんだ」という気持ちを優先させ，保育者や母親の願いである「園生活のリズムや習慣を身に付ける」をいつどこでどう援助するかの機会を見つける努力をしました。このことはSくんの気持ちを安定させました。そして保育者の願いも少しずつ伝わっていきました。

　年少1年間で保育者との愛着関係が形成され，安心感を育て保育者の指示が伝わりやすくなり，園生活を広げていくことができたと思います。クラスの2人の担任のうち1人をSくんの理解と援助に集中できる環境を園全体でバックアップできたことが保育者にもゆとりを作りました。職員会議で成長している様子を報告し，園全体のものにしていくことはSくんのことをみんなが知っている環境を作るベースとなり，進級の度のクラス替えの混乱を防ぐことができました。母子通園で幼稚園の状況をすべてみせ，保育者がどのようにSくんを受け入れようとしているかを具体的に示したことは母親の安心感となり，幼稚園に対する信頼につながりました。年少1年をゆっくり過ごしたことで幼稚園のすべてに慣れたSくんは落ち着いて年中に進級し，他児の遊ぶ姿，生活する姿に関心をもち，一緒に活動することが増えました。そして年長になり「そだつ」という姿を発揮し始めました。自分で判断し，遊びに参加することができるようになり，自我の確立につながりました。

　母親は在園する障害のある子どもの親の会に参加することで，不安やいらだちを他の母親に聞いてもらったり，先輩の親の体験を聞く中で心の内を整理したりすることができるようになったと語りました。

第5章　障害児保育の実際　Ⅱ

2　からだの不自由な子どもの保育

　障害児の保育をめぐって，「からだの不自由な子ども」は，特別な施設での療育の対象とけっこう思われがちです。生活全般の援助が必要であり，保育現場では「手の掛かる子」といった判断がされやすく，歩けるかどうかが判断基準になりやすいため，入園がスムーズにいかない現実があります。しかし，実際に受け入れての印象は移動，トイレ，食事，衣服の着脱など全般的に細やかな配慮や具体的な援助が必要であるが，障害のある子ども自身は集団に溶け込もうとする力もあり，努力する姿が見られます。他児の受け入れも良好である場合が多いと思います。入園した多くの子どもが機能訓練を担当する理学療法士も驚くほどの成長をみせることがあります。それは園生活において他児の影響を受けあい「○○に行きたい」「○○を触りたい」という具合に子ども自身の思いが膨らみ行動となって表れるからだと思います。療育と保育を切り離して考えるものではなく，幼稚園の生活そのものが訓練とも重なっていると考えます。

【脳性麻痺・小脳欠損による両上下肢痙性麻痺Yちゃんの入園（2年保育）】
（1）入園前に行ったこと
　訓練のために通園する療育施設の医師，看護師，理学療法士，保育者の方々に来園していただき，本園教職員との学習会を行いました。目的は園内施設の点検，Yちゃんについての療育施設からの専門的な意見を聞き，本園の保育者の受け入れにあたっての課題等を出し，検討をしました。その結果，①独歩できないためPCW（歩行器）を使う，②バランスを保つため足に装具を付けている，③転びやすい，④PCWが使えないところでは這う，という4点のYちゃんの特徴について注目し話し合いました。歩行の不安定な子どもが在園していたこともあり，階段等にはすべて手すりが付いていたこと，3歳児の入園が増加したため，トイレの改修が行われ，段差が解消され，洋式トイレも設置され，手洗い場所にも手すりが付いているところがあることが確認され，施設

57

面では心配はないという結論になりました。しかし，療育施設と比較してしまえば施設面での不備が次々とでてきます。施設での生活とは根本的に違うので，Yちゃんが実際に生活する中でどのようなことに不便を感じていくかということを，見落とさないようにすることが大切で，ただ「過ごしやすいように」ということだけで環境を整えることは実際的ではないという結論を出しました。

そして不便さを感じたYちゃん自身がその不便さとどう向き合っていくのか，また一緒に生活していく健常児がどうカバーしていくかという生活体験を保育者がどう援助できるかが大きな保育の課題であると認識しました。今後も必要に応じて連携を継続していくことを確認し合いました。

(2) 母子通園

約2週間母子通園をする。母親は一日も早くみんなの中に入れようとしていたが，そうすればするほど母親と離れるときに泣くことが多くなりました。Yちゃんが母親の存在を確認しなくなるまで母子通園を勧めました。母親が園内にいるというだけで遊びにも入っていけ，保育者との関わりも増えてきました。その様子を見て「ここに入園させた以上母親があれこれ指図するのはYにとって不安感を強くするだけですね。おまかせします」と言われました。

(3) どうして這うの？　保育者の役割

園生活に慣れてきて持ち前の負けん気でどんどん行動が広がりました。PCWを使って園庭にも出て行き，部屋やテラスでは這って他児と同じように動こうとしました。ある日クラスの子どもが「どうしてYちゃんは，動物みたいに這ってるの」と言いました。その言葉にYちゃんの自尊心が傷つきました。その日からYちゃんはPCWが使えないときは大声で保育者を呼び，手を持って支えてもらおうとすることが増えました。また，赤いカゴのついたPCWを遊具のように園庭に持ち出して遊んでしまう子どもがいました。今まで障害のある子どものことについてわざわざ説明したことは一度もなく，一緒に生活していればごちゃごちゃしながらも自然にわかり合うし，保育者の仕草や言動に

十分気を付けていれば子どもは育っていくと思っていました。しかし，心を傷つけるような言葉，大切なものを遊びに使ってしまう姿に園全体の問題として，それぞれのクラスでしっかりと伝えるべきことがあるのではないかという結論を出しました。「人間が這ったって少しもおかしくない」「這ったほうが便利なこともある」「PCWはYちゃんが歩くための大切な道具である」「PCWが壊れてしまったらYちゃんがとても困る」以上のことを伝えました。その後は注意深く子どもの様子を見守りました。Yちゃんもしばらくして膝にサポーターを付けどんどん這って行動するようになりました。PCWも遊びに使うことはこの日以来ありませんでした。

（4）2年間の育ち・周りの子どもたちの育ち

持ち前の負けん気が発揮され，療育施設の関係者，両親，保育者も予想できなかったほどの成長をみせました。しかし，一方でその強さが困難にぶつかったときに爆発してしまい，いつまでも泣き続けたり，反抗し続けたりすることが成長と同じくらい出てきました。周りの子どもたちはYちゃんの障害を少しずつ理解し始め，遊びを工夫したりして役割分担のときにはYちゃんの動きやすさを意識する様子も見られ始めました。ある日，園庭で追いかけっこをして遊んでいてYちゃんのPCWが鉄棒に引っ掛かって動けなくなりました。そこへ近くにいた子どもが集まりやたら引っ張りなんとか動かそうとしました。Yちゃんが不安な表情になり始めたところにクラスの子どもが駆けつけました。Yちゃんの手を両側から2人で支え，もう1人の子どもがPCWを動かしました。この何気ない仕草もYちゃんを良く知っている子どもとそうでない子どもでは違ってきます。Yちゃんを良く知っている子どもはYちゃんができることとできないことをよく理解していることがわかりました。

肢体不自由児だからといって，その受け入れにあたって，施設の改善を第一に置く傾向がありますが，それも欠かせない重要なことには違いありません。しかし，どんな快適な環境であっても本人の伸びようとする意欲を刺激するもの，一緒に生活しようとする友だちがいなくては育ちにつながっていかないのだろうと改めて感じました。

(5) 肢体不自由児の子どものいる保育を振り返って

　Yちゃんが専門機関で療育を受けていて、その訓練を引き続き継続しながら幼稚園入園ができたこの体験はその後の肢体不自由児の入園への大きな励みになりました。専門機関との連携も継続できました。

　二分脊椎症児・重度の脳性麻痺児なども今日まで受け入れてきました。Yちゃんの入園で学んだことを生かし、保育の方法や介助のあり方、行事の参加の仕方などを具体的に決定していく協力体制も定着してきました。

　9年前、初めて電動車いすが幼稚園に持ち込まれました。脳性麻痺のMちゃんが3歳で入園した10月でした。身体を支える筋力が弱いため、バギーにくくり付けられたような格好でしか移動できないMちゃんのために担当の理学療法士が電動車いすを提案してくれました。知的理解力のあるMちゃんは療育施設で電動車いすの使い方を学びました。幼稚園で使うことが決まった日、理学療法士が付き添って園内で練習をしました。大勢の子どもたちが珍しがって取り囲んでしまいました。子どもたちへの説明が必要だと判断し、その場で「この素敵な車はMちゃんの大切な足です。Mちゃんはみんなと比べて力が弱いので、Mちゃんの優しい指で触ったら動くようにできています。力いっぱい触るとすぐに壊れてしまいます。壊れたらMちゃんはあっちこっち行けなくなってしまいます。大事にしてください」と話しをしました。3歳の子どもがじっと話しを聞く様子に理学療法士は安心されました。園全体で、各クラスでこの話しをして電動車いすがデビューしました。3年間一度も故障しませんでした。

　介助を必要とする肢体不自由児にとって、運動会や遠足といった行事、また日常の保育の中で行われるお当番活動への参加は大きな課題があります。しかし、みんなと同じ方法でなければ参加できないということになれば道は閉ざされてしまいます。しかし、YちゃんにはこのきおM、法方ちゃんにはあの方法という具合にいろいろな参加の仕方、環境の工夫があれば必ずどの子も生かされていくことを実感しています。

3　まとめ──たくさんの連携

　保育現場はいつも無意識のうちにたくさんの連携を必要としています。子どもを中心に置いて保育者と保育者，保育者と保護者，保護者と保護者，保護者の中には障害のある子どもの保護者とそうでない保護者がいます。どれも子どもたちの成長にとって欠かすことができない連携です。

　子どもは幼稚園に入園したのです。担任がすべて抱え込むものではありません。保育は個人の活動ではないのです。子どものことを園全体で受けとめていく体制が大切です。

　そして，障害のあるなしに関係なく子どもの保育を考える際，忘れてはならないのは，その保護者の存在です。保育は保護者との二人三脚で進めて行きます。障害のある子どもの保護者との連携は保護者の現状を共感的に理解することから出発します。保護者と共に子どもの発達を援助する姿勢が，信頼関係を築き上げていくことにとっての基本だと思います。健常児の保護者の育ちへの理解も欠かせません。障害のある子どもが一緒にいて当たり前，そしてゆったりと育ち合える園の雰囲気はどの子どもも生活しやすい環境です。そのためには健常児の保護者の意識をいつも念頭に置き，その育ちの援助が欠かせません。「障害のある子どもにかけると同じエネルギーを健常児にもしっかりとかけていること」「なぜ障害のある子どもも受け入れて一緒に保育をしているのか」「障害のある子どもも幼稚園に入園できる子どもであり，何かが同じようにできないのは違いであって特別なことではない」「一緒に生活する中で言葉はなくても，動けなくても，わかり合えるという思いの交流が広がっていくことができる」「この体験は大人になって人として生きていく力となる」「子どもたちの姿から学びましょう。子どもは必ず育ちます」と園生活のいろいろな場面，通信などで伝え続けていくことが大切です。

　保護者と保護者の連携も育ち合うためには欠かせません。20年ほど前，障害のある子どもの保護者から親が集まって話ができる機会を作りたいという申し出がありました。すぐに開いている部屋を提供しました。始めたころは「○

○の話しが聞きたいから講師を探してほしい」「相談に乗ってほしい」等々依存的な出発でした。しかし現在では卒園生の保護者を招いて話しを聞いたり，さまざまな情報を交換したり，保護者が主体的に計画を立て，進められています。健常児の保護者もこの会の存在を好意的に受けとめさまざまなつながりが広がっています。入園前の兄弟の中に発達障害の心配のある子どものいる保護者が親の会に相談に行ったり，そこで専門機関を紹介してもらったりすることもあります。必要なときには園長の出席も求められ，行事の取り組みの中での保育の様子をお話ししたりすることもあります。

　どのような状態であれ，保育の場では，人を丸ごと受けとめていく姿勢が大切です。このことは，人が人として生きていく上で欠かせない大切なことだと考えます。

（平岩ふみよ）

第6章

障害児保育の実際　Ⅲ——保育所での取り組み

　保育所は，そこに通う子どもたちが一日の大半を過ごす場所です。子どもたちは，友だちと一緒に遊んで笑い合うこともあれば，いざこざを起こして泣いてしまうこともあります。使いたいおもちゃを友だちが使い終わるまで待ったり，我慢したりしながら，人と関わる力を育てていきます。また給食や午睡等の時間は，生活習慣を身につける場でもあります。統合保育とは，障害のある子どもも障害のない子どももいっしょに生活する保育のことですが，障害のある子どもにとって，保育所での生活はどのような意味をもつのでしょうか。また，周りの子どもたちは障害児をどのようにとらえ，関わっているのでしょうか。そして保育士に求められることは何でしょうか。統合保育を実践している保育所での子どもたちの成長，保育士の関わりを見ていきましょう。

1　保育所の一日

(1) ののさまのいる保育所

　社会福祉法人A会A保育所は，仏教を基盤として1953年に創立された保育所です。子どもたちは仏さまのことを「ののさま」と呼び，園内には多数ののさまが子どもたちを見守っています。この園では，1960年代から障害のある子どもを受け入れています。当初は障害児6名に担任2人のクラスを編成していましたが，その後は障害児を同年齢のクラスで受け入れたり，発達に合わせたクラスで受け入れたりの試行錯誤を繰り返していました。そして，障害のある子もない子も共に育ち，支えあう関係を大切にするために，1977年に異年齢保育に移行しました。2008年度は3，4，5歳児の縦割りクラスが5，1歳児，2歳児クラスが各1の計7クラスで137名の園児が通っています。縦割り

I　幼児期における障害のある子ども支援

写真 6-1　電車の見える園庭

クラスは 1 クラス 23 名で各年齢が 6〜9 名ずつ，そのうち障害児が 2〜3 名で構成されており，園全体では 12 名の障害児を受け入れています。年長児はゾウバッチと呼ばれ，年長児だけができる当番活動や遠足があり，年中児，年少児にとってあこがれの存在となっています。

（2）あっ君（仮名）ってどんな子？

あっ君はあか組の年長児です。自閉症の疑いという診断を受けています。3 歳から幼稚園に通い，4 歳の年中から A 保育所に入園し，あと少しで卒園です。卒園後は学区の特別支援学級に通うことを予定しています。入園当初はこだわりが強く，新しいことに適応することが苦手で，何もかも不安に感じていたようです。給食もほとんど食べず，排泄もトイレに行くことが不安なのか，誘っても「イヤ」と言って行かないことがよくありました。また園庭のすぐ南を走る JR の電車をフェンス越しに見ることが大好きなあっ君ですが，まず「デンシャコワイ？」と担当の保育士に聞き，「大丈夫だよ」と声をかけてもらってからフェンスに近づくなど，保育士と一緒でないと落ち着かない様子が見られました。何をするにしても本人が大丈夫と思えるまで行動に移すことができませんでした。逆に見てほしいという気持ちも強く，わざと危険なことをしようとしたり，大きな声を出したりして周りの反応を見る場面もありました。ふだんは保育室横のテラスでジャンプをしたり，手を振ったり，体を揺らしていることが多く，園庭ではブランコ，のぼり棒，滑り台に乗ったり，触れたりしていました。また電車と回っている洗濯機を見ることが好きで，なかなか保育室に戻ってくることができませんでした。

（3）保育所の一日

あっ君は朝おかあさんと妹と一緒に登園します。自分で通園かばんからおた

より帳，お手ふきを出し，かばんをロッカーにしまい，朝の支度をします。それからおかあさんに「バイバイ」と元気よく手を振って挨拶をし，あっ君の一日が始まります。朝の会では，保育士が今日の予定を黒板に絵や字も交えてわかりやすく書いて伝えます。このように次の活動への見通しをもつことは，いつもと違うことが苦手なあっ君にとって大切な関わりです。きょうはおひなさまを作ることになりました。このような課題活動は，入園当初は，他児と一緒に始めることは難しかったのですが，場面を写真に撮り，それをあっ君にみせることによって興味を示し，徐々に参加することができるようになってきました。保育士が作り方の説明をしているとき，あっ君は自分の席にすわって絵本を読んでいました。保育室から出て行くことはなく，自分が大好きな絵本を読むことで，自分の居場所をつくり，安定しているようです。絵本を読み終わったところで保育士が「さああっ君もつくってみよう」と声をかけると，自分で課題への見通しをもって，活動に移っていくことができました。あか組には，他にも障害をもった子どもが二人いて，担任と障害児担当の保育士がいます。おひなさま作りが終わると，あっ君は保育士のところに行き，自分から手を差し出し，「イッポンバシヤッテ」と言っています。一本橋こちょこちょやお舟はギッチラコなどのわらべうたに合わせてのふれあい遊びが大好きで，元気な笑い声が響いてきます。

　他児と関わることは苦手で，筆者たちからは想像もできない不安やストレスを感じているようです。仲良しペアの年長児との手つなぎも，入園当初はできませんでしたが，少しずつ自分から手を差し出す姿も見られるようになってきました。今では手をつなぐことに抵抗はなく，自分から手をつなぎにいくこともあります。また通りすがりに友だちの体に触れたり，遊んでいる姿を目で追ったりしています。給食は年齢がさまざまの6人のグループが一つのテーブルを囲んで食べますが，食べながら楽しいおしゃべりが始まります。今日のメニューは煮魚，スープ，納豆，みかんですが，なごやかな雰囲気の中であっ君は残さず食べることができました。

　給食の後は，好きな遊びを楽しみます。電車の好きなあっ君は，園庭のフェンス越しに電車を見ています。近くの踏切がカンカンと警報音を鳴らし，信号

I 幼児期における障害のある子ども支援

写真6-2 先生と一緒に紙芝居

が点滅し始めると,「コッチカラクルヨ」と指さしをしたり,遠くに豆粒のように見える電車のライトを見て「シナノ（特急）ダヨ」「フツウダヨ」と教えてくれたりしています。また手や体を揺らしたり,飛び跳ねることが好きなので,園庭に置いてある古タイヤの上を飛んだり,ジャングルジムの吊り輪を触ったりしてあちこち動き回っています。遊んだ後の片づけが終わるとおやつの時間です。きょうのおやつは焼きたてのお餅です。あっ君はお餅は好きですが,牛乳が苦手,牛乳が入ったコップを持って保育士に「ギュウニュウヘラシテ」といいに行きました。

　帰りの支度は保育士に声をかけられなくても,ひとりでできます。他児が保育室でおやつの片づけや帰り支度をしたり,あやとりをしたり,絵本を見て過ごしているのに,あっ君の姿が見えません。どこへ行ったのかと探しにいくと,廊下で動き出した洗濯機を覗き込んでいました。次に保育士が紙芝居を読み始めると,あっ君は保育士の隣の椅子にすわって,紙芝居をめくる手伝いをしています。以前は洗濯機のある手洗い場にに行くと戻ってこず,紙芝居を見ることもできなかったのですが,今は保育士の隣で紙芝居をめくることができるようになり,周りの友だちもそんなあっ君を認めてくれているとのことでした。このような毎日の繰り返しの中で,いつか他児といっしょに紙芝居を見ることができる日が来ると思います。最後に帰りの会で,クラス全員が輪になり,ろうそくに灯をともし,おまいりをして保育所での一日が終わります。

（4）手を振ることは困りサイン

　このように毎日の慣れた環境の中では安定して過ごすことができるようになってきたあっ君ですが,環境の変化には相変わらず敏感です。初めて出会う実習生が来た日などは,落ち着かず保育室から出ていったりします。大好きな

ふれあい遊びも,よく知らない人に誘われても「イヤ」と言ってその場を離れてしまいます。

　保育士は,あっ君の手を振ることが気になっていましたが,手を振るあっ君の思いを深く理解するには至らず,反対にできたらやめてほしいと考えていました。あるとき,おかあさんが「あっ君が手を振るときは,困っている状態なんです」と専門家からアドバイスを受けたと伝えてくださいました。それを聞いて,「ちゃんと伝えてくれていたんだ,それならこちらから受け取った,わかったというサインを送ろう」と気付かされました。それ以後,今まで落ちつかないと見ていたあっ君の行動が,全く違って受けとめられるようになりました。自分が今どう行動すればいいのかわからないときに,手を振る動作が多く見られるのです。またそういうときは手が冷たくなっていることにも気がつきました。それに気付いた保育士は「何か困っていることある？」と手を握りながらあっ君に言葉をかけるようにしました。そうすることによってあっ君もほっとした表情をみせてくれます。こういう毎日の積み重ねがあっ君との関係を築いていく第一歩になっているのです。

　また,一日の流れは徐々に身についてきたので,少しの変化に対しては,「これが終わったら給食ね」などと一つ一つ確認をしていくと対応することができるようになってきました。遠足やお泊り会,お別れ会などの行事の前には,事前に写真や絵などを用いながら流れを知らせておくと,見通しをもつことができ,混乱することなく参加できるようになってきています。これには保護者の協力が欠かせません。あっ君のご両親は大変協力的で,園の行事を予め伝えたり,終わったあとに確認をして家での様子も知らせたりしてくれます。保育所での関わりだけではなく,家庭との連携があってはじめて子どもが育つ環境が整えられるのです。

2　子どもたちと先生

(1) あか組の仲間たち

　あか組は,年長児7名,年中児10名,年少児6名の計23名で,そのうち障

写真6-3 折り紙できるかな

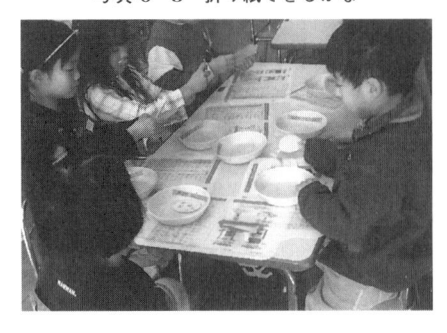

害児が3名います。異年齢ということもあり、毎日の生活の中で、子ども同士の関わりはさまざまです。おひなさま作りも折り紙を折って着物を作る、顔を描くところまでの行程は同じで、その先が年齢によって異なります。折り紙を折るとき保育士は「うさぎさん（年少児）にじょうずにアイロンかけられるように教えてあげてね」と年長児に声をかけます。年少児に「やって」と頼まれて折ることは簡単ですが、本人ができたと思えるような援助の仕方を工夫し、手を出しすぎないようにすることも年長児の腕の見せ所です。折り紙で着物ができたら、次はロッカーからマーカーを出してきて顔を描きます。そのあと好きな遊びを楽しみます。まだ折り紙を折っているあっ君のところへいく君がやってきて「はやくやれよ」と言いながらあっ君の後ろから一緒に折ってぎゅっとあっ君を抱いてから遊びに行ってしまいました。あっ君はうれしそうに応じていました。異年齢の中ではこのような関わりがごく当たり前に行われています。その子に合った関わりを経験の中から見つけていくのです。「あれ、マーカー出しっぱなしは誰かな？」との保育士の問いかけにいつもしっかり者の年長児が戻ってきたり、あっ君の手元をじっと見ている年少児がいたりします。あっ君は折り紙を折るのに時間はかかるけれど、立派な年長児なのです。クラスの中でいろいろな関係が生み出されていき、その中に障害児との関わりもあるのです。ですから特別な関わりがあるのではなく、たくさんの関わりの中の一つが障害児との関わりだと言ってもいいでしょう。

（2）ゾウバッチの力

　日頃生活をしている縦割りクラスとは別に同年齢での活動をする時間帯があり、年長児の活動はサンサンサンと呼ばれています。年長児はお泊り会の準備、カーニバルの練習等、ほぼ毎日この時間があります。今日は隣の公園に凧

揚げに出掛けました。こういう時はあか組の仲間と一緒に行動をすることが基本なので，全員揃うまで待ちます。あっ君の姿が見えないと友だちが探しにいき，仲良しペアのいく君とは，手をつないで出かけます。公園では，保育士の掛け声で凧を揚げながら走ります。あっ君も手を振ると凧がゆらゆらするのが面白くうれしそうに元気よく走りました。

　またクラスの中での年長児は，保育士と障害児が楽しく遊んでいるのをよく見ており，同じようにやろうとしてくれます。テレビの体操が好きなさぶちゃんに保育士が手をつないで「一緒にやろう」と誘うと，年長児が保育士と同じように合わせてやってくれます。そしておどけた顔をしてさぶちゃんを笑わせてくれ，周りの子どもたちも巻き込んでさぶちゃんの好きな追いかけっこがはじまったりします。給食もその子に合わせた関わりでいつも食べない子が食べることができたりします。そういうときはお手伝いできた年長児も得意げで，自信がついた様子です。子ども同士だからこそ，その関わりが障害児にも受け入れられ，お互いに育っていくのでしょう。もちろんそれらの関わりの中には「しいちゃんたたくからいや」「ごろう君がちっともこないから遅くなってしまう」といった声も聞かれます。保育士はしいちゃんやごろう君への働きかけと共に，その都度「みんな仲間だよね」と返していきます。障害児がいることでできないことがある，そこで悩むことも子どもにとっては大切な経験です。

（4）二人の先生

　あか組には，担任保育士と障害児担当のC先生がいます。ある日担任が今日の予定を説明しているとき，あっ君はC先生に側にすわってというように手をひっぱったり，椅子をもってきたりしました。C先生はあっ君の隣に座りましたが，あっ君はそのときどのような気持ちでいたのでしょうか。保育後の話し合いの中で，ただC先生に甘えているのか，それとも担任の言葉から何をしなければいけないのかがはっきりしないので不安になって，C先生に側にいてほしいのではないかという見方が示されました。そうするとC先生はあっ君の気持ちを受けとめて今の状況を伝えていくことが役割となります。担任もあっ君に伝わる伝え方を改めて考えるきっかけになります。このように複

数の保育士がいることで，子どもをさまざまな視点から見ることが可能になっていきます。

（5）ろく君と先生

あか組には肢体不自由のろく君がいます。そのためC先生はろく君が椅子に座ったり移動したりする援助をすることが多く，なかなかろく君から離れることができません。ある日園庭でC先生がろく君の歩行の援助をしていました。そこへあっ君が出てきて，C先生の手をとってブランコに誘いました。C先生はろく君のことを気にしながらあっ君とブランコに行ってしまいました。あっ君もろく君のことを振り返っています。そこに同じ組のななちゃんがやってきて，ろく君に縄跳びを持たせて伸ばしたり縮めたりして遊びはじめました。C先生がろく君と距離を置くことで，ろく君と友だちとの関わりが生まれたのです。障害児担当だからといって子どもの側につきっきりでいたら，逆に子どもの世界が狭くなってしまうことに気付かされます。C先生の子どもへの関わりを広い視野で見つめる視点も必要になってきます。

またあっ君が保育室から外へ出ていけば，他のクラスの保育士から「あっ君どこへ行くの？」と声がかかります。逆によそのクラスの友だちも遊びにきます。クラス担任ではなく，年長の担当の保育士とも毎日関わりがあります。当番で給食の人数報告に職員室に行けば，主任保育士や園長先生に元気よくあいさつをし，給食室に行けば給食のおばちゃんと関わり，いちご当番といって乳児クラスにお手伝いに行けば乳児担当の保育士に「ゾウバッチさんよろしくね」と声をかけられます。このような職員間の連携が，障害児の保育においては何より重要なことになってきます。園のどこにいても，何をしていても誰かから声をかけられる，このような網の目のような連携があって，その中で子どもたちが安心して過ごすことができるのです。

3 保育所の一年

（1）お泊り会とカーニバル

　年長児は7月下旬に保育所での宿泊保育を経験します。そのお泊り会のテーマは「自立と仲間」です。そこではクラスごとの年長児が協力してスイカや花火の買い出しや布団敷き，夕食の準備を担当します。仲間で協力しないとできないことを体験の中で学んでいきます。

　お泊り会の後のことです。保育所での当番活動の一つにサバ当番があります。サバ（生飯）とは僧堂の食事の作法の一つで，箸をつける前に食べ物を少し取り分けておき，サバ当番がそれを集めてチャボや野鳩にまいてあげるのです。あっ君がサバ当番になり，どの机を回ればいいのか困っていたので保育士はいく君に「あっ君と一緒にお願いします」と頼みました。するといく君が優しくあっ君の手を取って，各机を回ってサバを集めてくれました。あっ君もいつもだと「センセイトイッショガイイ」と言ったりするのですが，お泊り会ノート作りで仲間に手伝ってもらった後だったので，嫌がらずにいく君についていきました。

　そして10月にはカーニバル（運動会）が行われ，そこでは年長児全員がクラス対抗リレーを行います。障害児も含めてのリレーで，勝ちたい気持ちと，仲間として大切にしたいという気持ちとの間で葛藤しながら毎日練習を積み重ねていきます。「遅い子は抜かしていけばいい」という考えと「遅い子は大事にしなくてはいけない」という両極端の考えの中で悩み，考えることがこのリレーのもつ大切な意味なのです。最初は「ろく君のせいでいつも負ける」と言っていたやっ君も，練習をするうちにどうしたらこの仲間で勝つことができるのかを考え始めます。勝負は時の運，いつもトップで走っていた子が転んでしまったり，さまざまな予期せぬでき事が起こります。あっ君のあか組も皆でバトンをつなぎ，無事ゴールすることができました。

　保護者にとっても，幼い子どもたちが一生懸命悩んでいる姿に接し，親として何をしたらいいのかを考える機会になります。我が子だけではなく，周りの

友だちのこと，仲間としてどう考えたらいいのか等，解決の方法はありませんが，子どもたちのありのままを受けとめていくことを学んでいきます。

(2) 統合保育の段階

　図6-1は統合保育の内容を段階的に示した図です。ステップ1では，保育士と障害児との信頼関係を築くことが基本です。ステップ2では，保育士の関わりをモデルにして，子どもたちも障害児に関わっていきます。そしてステップ3，4では，子どもたちから障害児に関わっていくことで，障害児も子どもたちの関わりを安心して受け入れられるようになっていき，保育士は見守ることが中心になります。ステップ5では保育士は個々の子どもに関わるのではなく，集団としての子どもたちに援助をしていきます。そして日々の保育の実践，省察を繰り返す中で，子ども一人一人の自己肯定感を育てていき，保育士も共に成長していきます。そしてその実践の積み重ねが新たな保育課程の作成につながっていくのです。

4　地域に開かれた園として

(1) 保護者も育つ

　園には保護者が参加する行事がたくさんあります。たとえば誕生会，保育参観，保護者会，親子遠足，カーニバル，生活発表会，作品展等です。子どもの誕生月には保護者もいっしょに誕生会に参加します。カーニバルも作品展もテーマは親子のふれあいです。作品展では手作りゲームコーナーやクラスノートを読むコーナーが設けられ，子どもの作品を通して親子だけでなく，他の保護者や子どもとの関わりが深まるように工夫されています。またこれらの行事は，休暇が取りやすいように年度当初に予定が示され，子どもの成長と共に，保護者も親として成長していってほしいという願いがこめられています。仕事に追われ，慌ただしい毎日の生活の中で，保護者同士が子どもを仲立ちにして仲良くなり，子育てを楽しむことができるように支援していくことも保育所の重要な役割の一つです。

第6章　障害児保育の実際　Ⅲ

図6-1　統合保育の段階

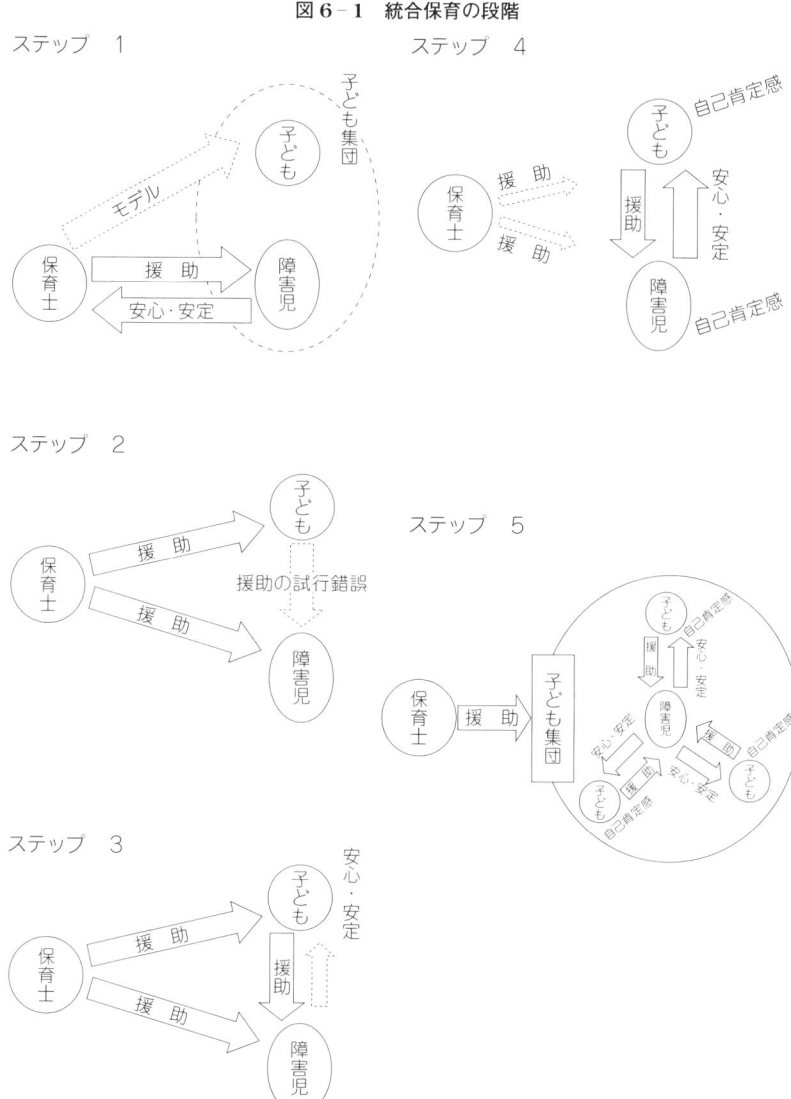

ステップ　1

ステップ　2

ステップ　3

ステップ　4

ステップ　5

写真6-4 帰りの会

また特別な支援を必要とする子どもたちのグループをしろ組と呼んでいます。日頃はクラスの友だちと一緒に生活をしており，特別なクラスがあるわけではありませんが，保護者の情報交換をする場としてさまざまな機会を設けています。毎週木曜日の帰りの会，月1回の保護者会，また家族の会，兄姉会も定期的に開催されています。保護者会には主任保育士が参加し，園や家庭での子どもの姿をお互いに確認したり，小学校，医療機関の情報や余暇の過ごし方等，保護者同士が気兼ねなく話し合うことができる場となっています。

（2）他機関との連携

A保育所のあるB市には保育所が37園あり，そのうち13園が障害児保育指定園として障害児を受け入れています。実施保育所には，人数に応じて保育士が加配されます。また障害児保育巡回相談が行われており，巡回相談員が定期的に各園を訪問し，保育観察とケース検討，保育相談と指導にあたっています。園独自のシステムとしては，作業療法士の先生を囲んでの研修会が開かれています。ある日の事例では，はなちゃんはおとなしくてやさしいくみちゃんが好きでいつもそばにいるのですが，くみちゃんが自分に合わせてくれないとたたいてしまいます。そんなはなちゃんにどう対応したらいいのかという質問がでます。先生は感覚統合の視点からはなちゃんには周りがどのように見えているのかを説明され，さまざまなヒントが示されます。たとえば，はなちゃんを変えるよりもまずくみちゃんを変えてみようという提案が出され，たとえばくみちゃんに帽子をかぶせ，いつもと違う印象を与える，保育士がくみちゃんの真似をするなど，今まで思いもつかなかった発想が生まれます。また子どもがぼうっとしているときに覚醒を上げるために手を冷やす，大事なことを伝えるときは，静かな刺激の少ない場所で行うと効果がある等，具体的な援助の仕

方も学びます。保育士はこの研修を通して,子どもが変わるというよりも子どもに関わる保育士の気持ちが変化すると表現しています。はなちゃんがたたくことを何とかやめさせなければという思いだけであったのが,話し合いを通じて,はなちゃんやくみちゃんとの関わりを楽しむ気持ちのゆとりが生まれてくるのでしょう。このような学びが日々の保育を豊かなものにし,そこから子どもたちの成長が育まれていくのです。

(3) 異年齢保育と障害児

　異年齢が共に生活をするクラスの中で,さまざまな年長児だけの特別な行事があります。たとえば年中少児は,お泊り会の準備をしている年長児を,自分は参加できないもどかしさと共に,ゾウバッチになったらやれるという期待感をもちながら見守っています。そして年長児になったら,やっと来た自分の番を満喫しながら取り組むことによって,年長児の取り組みは子どもから子どもへとあこがれのものとして引き継がれていくのです。またゾウバッチにとっては,小さい人からあこがれの目で自分たちを見られていると感じることは,大きくなることの喜びとして心に残っていくと思います。この異年齢での生活は障害児にとっても過ごしやすい場所です。年長児が障害児とどのように関わっているのかを毎日見て学ぶことでその関わりも引き継がれていきます。そして障害児にとってもさまざまな発達段階,年齢の子どもがいるクラスは,自分もその中の一員として安心して過ごすことができる場となっていくのです。

　保育士も子どもも保護者も,一年ごとの区切りではなく長い期間で保育を見通していくことが障害児の保育で重要だと思われます。障害のある子どもも,障害のない子どもも含めたさまざまな年齢の子どもたちと,保育士や保護者をはじめとするさまざまな大人が関わって,共に成長しながら,保育の場を創り上げているのです。

　『みんなちがって　みんないい』これは詩人金子みすゞの詩の一節ですが,みんなちがうことを幼児期に体験を通して学ぶことこそ,インクルージョン保育を見すえた統合保育の果たす重要な役割の一つではないでしょうか。

Ⅰ　幼児期における障害のある子ども支援

参考文献

浅井順子（2001）「幼い人との毎日」名古屋大学教育学部同窓会通信，No.37.

大森隆子他編（2005）『子どもを見る変化を見つめる保育』ミネルヴァ書房.

B市障害児保育巡回相談記録（2007）.

金子みすず（1984）『わたしと小鳥とすずと』JULA出版局.

（鈴木方子）

第7章

障害幼児の親支援

　子育てはそれ自体多くの幸福をもたらすものですが，同時に苦労や悩みなどを伴うことも多いものです。わが子に障害があることで何倍もの幸福を感じることができたと実感する親がいる一方で，何倍もの苦労と心配を背負ってしまったと悲観的になる親も多くいます。そのような親の手助けをできる身近な存在の一人が保育者です。特に，わが子の障害を疑っているがどこに相談していいのかわからない親や，障害がわかったところで気持の整理がつかず，誰かに話したいが，どうすればいいのかわからないと途方に暮れている親などにとって，保育者は最も身近であり，そして親身になって支えてくれる第三者となり得る存在です。

　この章では，障害のある子をもつ保護者を支える役目を担う存在としての保育者の在り方について，カウンセリングマインドに基づく基本的な姿勢を学ぶとともに具体的な支援の方向性についても考えていきます。

1　障害のある子をもつということ

（1）障害という現実と家族の思い

　わが子が障害をもって産まれてきたとき，ほとんどの親は大きな衝撃を受け，そして動揺します。また，脳機能の障害が原因とされる発達障害などはその発見までに年月を要しますので，ある程度成長した後に障害であることを告げられること（告知）が多いものです。わが子の成長に対してなんとなくもっていた違和感が確実なものになることで，その現実を受け入れざるを得なくなります。とはいえ，わが子の障害が明確になった時，多くの親は言いしれない衝撃を受けます。「どうすればいいのだろう，でもどうしようもない」という

あきらめや無力感,「これからどうしよう」という不安,「どうして私がこんな目に？」という怒り,「何かの間違いでは」という現実否認など,種々のネガティブな感情に飲み込まれたりもします。そして,わが子の誕生や成長の喜びに浸ることもないまま,これから一生続く子育てという重責に押しつぶされそうになります。多くの親にとってその子は初めての障害児でしょうし,さらに第一子であれば,どのように対応していけばいいのかわからずに,緊張を強いられる毎日を過ごさなくてはなりません。過度の緊張状態にあると,当然心身ともに余裕をもった子育ては難しいものとなります。すると本来望まれるアタッチメント（愛着）の成立に支障をきたすこととなります。

アタッチメントとは,特定の養育者と乳児との間に形成される特別な心理的結びつきのことをいいますが,これは養育者からの働きかけのみならず,乳児からの能動的な反応もその成立に大きな影響を与えます。つまり,本来あるべき乳児の反応が障害児では見られないことが多く,また,養育者もその緊張感ゆえにゆったりとした気持ちで子どもに接することが難しくなるため,安定したアタッチメントを形成することが困難になるのです。

これは子どもの障害そのものがもたらす影響であるだけでなく,障害があることで保護者が感じるストレスや,夫婦関係・親子関係などに生じた微妙な歪みなどの結果として表れる問題でもあります。子どもの障害が,安定したアタッチメントの形成に何らかの影響を与えていることで,本来ならばアタッチメントによって促される基本的信頼感をもつことのできないまま乳児期を過ごさざるを得ないという状況に陥ることがあるのです。このような初期のネガティブな経験により,障害そのものがもつ問題とは別に心身に発達の歪みが生じることが考えられます。

このように,悪循環がもたらす二次的な障害を抱えている家族が多いのは現実でしょう。親子を取り巻くネガティブな感情は,ただでさえ障害のあるわが子とこの先どのように生きて行けばいいのか,と途方に暮れている養育者をさらに追い詰めることになります。しかし子どもも親も「生きにくさ」を感じながら生きていかなくてはならないという苦しさから逃れることはできません。わが子の障害を正面から受け止め,共に生きていこうと決意する「障害受容」

に至るまでには長い時間を要することが当たり前なのです。

(2) 障害受容に至るまで

障害があることを告げられた親はさまざまな心理状態を経験するものですが，その道筋にはほぼ共通するプロセス（図7－1）があります。このプロセスは障害に関することだけではなく，強烈なストレスを受けた人間が，その事実を受け入れるまでに通る段階でもあります。それぞれの段階での問題などを解決し，そして次の段階へ進むとされていますが，その解決に要する時間は人それぞれですし，もちろん一度前へ進んだと思えても，すぐに元に戻ってしまうこともあります。とはいえ，多くの家族は時間をかけつつ自分たちの身の上に起こった出来事を受け入れ，現実を見据えて生きる気力をもつものです。プロセスに時間がかかったとしても，必ずそのような時期が来ることを信じて支えることが必要とされます。

図7－1　障害受容のプロセス

① ショック：突然の大きなストレスに対する急性反応

⇩

② 否認：認めない，認めたくない

⇩

③ 怒り・悲哀・不安：自分に降りかかった困難への怒りと悲哀など

⇩

④ 受容：状況の受け入れ，再起への一歩

「障害のある子を育てることによって普通の親では経験できなかったであろうことができ，気付かなかったであろう本当に大切なものを知ることができた」「自分の子に障害があって良かったと思える」「障害のある子を育てることができて感謝している」「(障害があるという）現実はしょうがない，深く考え込んでも何も開けないし，普通に生活するだけのこと」という親からの言葉も多く聞かれます。これらは，出口の見えない苦しみと真正面から向かい合い，時に不条理とも思える現実から逃れずにいた人だからこそ言える真実ではない

でしょうか。晴れやかな表情でこのような言葉をおっしゃる姿を見ると，その力強さにこちらがエネルギーを与えられるように感じます。

（3）孤立と孤独の苦しみ

　しかし，子どもの障害がきっかけとなって，周囲の人間関係からの孤立と我が子への虐待，そして離婚などへと至る家族があることも事実です。

　ある幼稚園に通う，当時4歳5カ月のY君。Y君は3歳児のころから我慢が苦手で，友達とよくトラブルを起こしていたため，以前から気がかりな子として挙げられていましたが，年中になってその傾向がますます強くなってきたのです。担任の先生はその様子を両親に伝えました。Y君の両親もちょうど「最近，Yとどう接すればいいのかわからない時がある」と感じていたこともあり，担任の先生とお母さんは定期的に懇談をすることとなりました。ちょうどその頃運動会の練習を行っており，お母さんはY君の様子をビデオに撮影しました。しかし，その様子を見て改めて落ち着きのなさに愕然とし，「他の子と違う」という思いは確実なものになってしまいました。

　Y君が4歳6カ月のころ，我慢ができないことから友達への攻撃行動が頻繁に見られるようになり，同じクラスのお母さんから苦情が寄せられるようになりました。Y君のお母さんはその事実を担任の先生から聞き，ショックと申し訳なさで押しつぶされそうになったのです。しかし，Y君のお母さんは人付き合いが苦手で，クラスのお母さんとの交流も全くありませんでした。そのことも原因となり，いつしか「Y君のお母さん対クラスのお母さん」という構図が出来上がってしまいました。Y君のお母さんがおっしゃるには，その状態を担任の先生がうまく収めてくれることもなく，いつしかY君のお母さんは担任の先生への信頼も失ってしまったのです。そしてさらに追い討ちをかけるように，園長先生から「施設に移ってはどうか」と勧められてしまいました。まだ何の診断名もついていない子に対して厄介払いをされるような感じを受けてしまったお母さんは，計り知れない怒りを感じました。

　その矛先はいつしかY君に向かっていました。家でも落ち着きが無く，自分の言うことを聞かないY君に対してさまざまな感情がわきあがってきたの

です。そして，とうとう身体的暴力と言葉による暴力という形でそのやりきれなさを出してしまいました。しかしお母さんは，我が子の寝顔を見るたびに激しく後悔し，毎晩涙を流していました。とはいえ，絶えず動き回り，外へ行っても人に迷惑ばかりかけている姿を見ると，どうしても怒りの感情が抑えきれないのです。

　当然のことかもしれませんが，Y君は怒ってばかりのお母さんよりもお父さんに信頼を寄せるようになってきました。お母さんの怒りを察すると，Y君はすぐにお父さんのそばに駆け寄り，助けを求めました。そんなY君の姿を見てお父さんは「怒りすぎなんじゃないか？　もっとYに優しくしないと」とお母さんを諭します。しかしそれはお母さんの怒りをさらに増長させるにすぎませんでした。「毎日Yと向き合って，毎日イライラして，外に出れば謝ってばかりで，幼稚園では責められる…こんな苦しい思いをしながらもYの世話をしているのに，なぜあなたにまで責められなくてはならないの？」と，お母さんの我慢は限界に達してしまいました。そして，とうとうお母さんはY君の世話の大半を放棄するという行動に出てしまったのです。結局，それを見かねたお父さんがY君を引き取り，結局この夫婦はY君が6歳を過ぎた頃に離婚という結論に至ってしまったのです。

　Y君は5歳6カ月の頃，幾度かの検査を経た末に「注意欠陥多動性障害」の診断名がついていました。わが子が障害であることが明確となったことで，ご両親ともその時には「この子の訳のわからなさの原因が障害にあることで安心した」とおっしゃっていました。お母さんもそのような子どもに理解がある幼稚園へ移ることを検討され，家庭内の状況も安定していたのですが，結局は「自分の気持ちを理解してくれる人が周りにいなかった」ということがお母さんの子育てに対するバーンアウトを引き起こしてしまったのです。

　このようなことは障害児をもつ親に限ったことではありませんし，親自身の性格傾向なども影響しますが，育児の辛さを分かち合える理解者の存在がどれだけ大切であるのかということを思い知らされた出来事でした。

I　幼児期における障害のある子ども支援

2　子どもの理解と援助

(1) 保育の専門家として

　日々多くの時間を子どもとともに過ごしている保育者は，その子がどのような場面で生き生きできるのかということを踏まえ，子ども一人ひとりが充実した毎日を送ることができるよう援助しています。そのため，時に親さえも知らないその子の特性を知っていることもあるものですが，これはその子の心身に渡る特性と発達をとらえ，理解しているからこそ可能となるものです。この姿勢は「子どもに寄り添う保育」とも言えるものですが，このような真摯な態度が子どもの保育者への信頼感を生むのです。子どもは安心できる大人が親以外に存在することを確信すると，行動範囲を広げます。つまり「何か起こっても戻る場所がある」という安心感が子どもたちの探索行動を助長するのです。知らないことを知りたいと思うことや，新たなことに挑戦しようとする姿勢はさらなる心身の発達を促進します。

　このように，保育者との信頼関係の中で子どもたちは知識を深め，新たな力を開花させていきますが，子どもたちがもつ成長する力そのものは障害の有無に関わるものではありません。発達障害のある子どもたちは，なかなか目が合わない，注意が理解できない，クラスの場を乱すなどの「困った」「気になる」行動を取ることが多いものです。しかし，それらの行動に対して非難や批判をくり返し，できないことを指摘して厳しく指導したとしても，その子に何ももたらしません。障害のあるどもたちは，同じ年齢の子と比較して，どうしてもできないことが多かったり集団適応が苦手だったりします。そのために，大人子どもを問わず「また○○ちゃんが壊した」「たたいた」などと非難される経験が多いものです。

　人は褒められ，認められて成長するものです。特に子どもにとって親や保育者の存在は大きく，大好きな大人からの認めの言葉はその子の自己信頼感（自信）を伸ばします。「できないこと」「困ったこと」に目が行きがちではありますが，そこに終始することなくその子の成長を信じ，そして「できたこと」

「できるようになったこと」をいかに見つけて伝えるか，これこそが子どもの発達を促す基本的な態度なのです。保育者は日々の成長を間近で感じることができるだけでなく，その変化を敏感にキャッチする力を備えている専門家でもあります。この専門性を十分に生かして子どものより良い成長を支えていくことが期待されます。

（2）専門的知識の獲得

　障害児と関わる際に重要なことは子どもがもつ「成長力」を信じることです。もちろんこの姿勢はどのような子どもに対しても変わらないものでしょう。しかし，それだけでは前に進まないことがあるのも事実です。障害のある子どもは，障害そのものに見られる特徴と個々人の個性が重なり多様な様相を呈します。さらに言葉の発達が遅い者も多く，そのため子どもの気持ちを言語的に理解することが難しくなり，対応の仕方に苦慮することもあるのではないでしょうか。すると，保育者としては「どうしてあげればいいのかわからない」状態になり，子どもとしては「先生はわかってくれない」という不満を感じることになりますが，このようなミスコミュニケーションはできれば避けたいものです。

　主な障害の主な特徴を理解することで，保育者と子どもへの余計なストレスや負担を軽減することができます。対応の仕方に自信がもてないため適切な受け答えができず，その結果子どもに不信感を抱かせてしまったり，子どもとの関係性がゆがんだりするなどの悪循環を防ぐことも，専門家として気をつけなければならないことです。

3　家族に対しての基本的姿勢

（1）個を受け止める：受容と共感的理解

　障害児をもつ保護者が感じる不安や悩みはそれぞれですし，また保護者の性格傾向や価値観の違いなどによっても，不安を感じる点や知りたいことなどに差異が生じます。保育者は障害の専門家ではありませんし，カウンセリングを

専門的に勉強してきた臨床心理士でもありません。ですから，保護者からの悩みや相談に対して「的確にアドバイスができない」と歯がゆく感じることもあるでしょう。しかしまず必要なのは，先の見えない不安を抱えている保護者が感じている，悲しみや怒りなどを安心して出すことのできる"場"をつくることなのです。

　目の前の困っている保護者をどうにかしてあげたいという一心で，「いいアドバイスをしたい」「親の考え方を変えたい」などのようにさまざまなことが頭をよぎるかもしれません。しかしこのような考えは，ともすれば指示・指導的になる上に，保育者の価値観を押し付ける危険性も持ち合わせています。受容と理解の本質はそこにはありません。時間をかけて信頼関係を築き，お互い素直な気持ちで本音を語れるようになると，自然とこのような考えは浮かんでこなくなるものです。同志のようにともに考え，共に悩み，そして支えることで保護者自身が自ら道を拓く手助けをすることが保育者としての受容と理解のあり方ではないでしょうか。カール・ロジャーズ（Rogers, C.R.）はカウンセラーがクライエント（来談者）に向き合う際に必要な姿勢について次の3つの観点を述べています。

① 無条件の肯定的配慮：クライエントを一人の人間として認め，尊重する。
② 純粋性：良否・善悪による評価や判断を加えずあるがままのクライエントを受け止めようとする。同時にクライエントに対する自分の気持ちにも正直に向き合う。
③ 共感的理解：クライエントの気持ちに寄り添いながら理解に努める。

　このように，クライエントの内的世界を尊重し，自己成長力を信じて自ら問題を解決していけるように関わる姿勢のことを「カウンセリングマインド」といいますが，この態度はカウンセリングのみならず，保育をする上でも大変重要な態度です。先入観や偏見，自分の価値観にとらわれることなく相手の気持ちに寄り添うことで，より良い関係性を築くことが必要です。

（2）支援者であるための自己管理

しかし，日常の保育や雑事に翻弄される中でさらに相談のための時間を割くことは難しいこともあるでしょうし，気持ちに余裕がもてなくなるかもしれません。そうするとストレスがたまり，子どもに対しても保護者に対してもいい状態で向かえないことにもつながります。ですから，そのような時こそ，自分自身をいたわる気持ちを忘れないでいてほしいものです。

保育・教育職や福祉・看護職などのいわゆる対人援助職の人々は，ともすれば自分を犠牲にしてしまうことがあります。そのため自己の心身が疲弊しきっていることにも気づかず，いざ気づいた時には大変な事態になっていることも多いのです。保育者も人間です。万能ではありません。時々は頑張っている自分を褒め，心身の声を聞いてストレスをうまく抜くことも必要です。それは，自分のエネルギーを充填して新たな活力の元とするためだけではなく，心身ともに良いコンディションを維持して，安定した状態で子どもや保護者に接するためでもあるのです。心身の声を聞かずにひたすら頑張り，結果的に体を壊してしまっては何にもなりません。適切な自己管理をし，精神的に安定した状態でいられるようにしたいものです。

4　保育者としての役割

（1）子どもを"よく知る"第三者として

保育者としての基本的なあり方については「2　子どもの理解と援助」でも述べた通りですが，ここでは支援の姿勢について考えていきたいと思います。基本的には通園している親子と保育者は血縁関係にありません。この「身内ではない」という関係性だからこそできること，やりやすいことがあります。多くの人がそうだと思いますが，職場や社会の中では決して出さないような，わがままで自分勝手な自分を近い身内に対して出してしまうことはないでしょうか。もちろんこれは気を許せる，そして多少のわがままを許してもらえるという信頼感があるからでしょうが，ともするとそれがエスカレートして言い争いになったり，非難のし合いになったりしやすいものです。

しかし保育者は他人であり，第三者です。しかも子どもとその親，家庭環境までもかなり把握しています。私たちは，他人だからこそ気兼ねなく言える，そして他人だからこそ余計な感情に邪魔されることなく冷静さをもって物事に対処できるということもあるのです。保育者は，この「よく知っている第三者」という立場で決して親子を孤立させないように支援することが必要です。

　身内から十分な理解を得られずにいると，言いようのない孤独を感じます。それは，一人でいるより辛い孤独感であったりします。そうでなくても，またそうであるならなおさらいつも気にかけ，声をかけることが必要です。「一人ではない」「支えてくれる人がいる」という気持ちになることで，行動的になれたり前向きになれたりするものです。まずは，不安やストレスにさらされやすい環境にある親子の心配を少しでも減らすことができるように，そして心身ともに外（社会）へ向かえるエネルギーを蓄えてもらえるように支えていくことが第一です。

（2）情報提供者，そしてコーディネーターとして

　発達障害を抱えた親子の場合，園だけではなく外部機関に頼る必要性が出てきます。保護者もその必要性を感じていながら，不安で足を運べなかったり緊張で電話ができなかったりすることがあります。また，そのような機関が存在することを知らずにいたり，まずどこに相談すればいいのかわからないままでいたりもします。このようにさまざまな不安を抱えている親子に適切な情報を提供することは，保育者としての義務です。一度外部機関（地域医療センターや子育てセンター，保健センターなど）とのつながりをもつことができれば，そこからさらに専門機関への紹介や親の会への招待があるなどして，同じような悩みをもつ親同士が安心して話せる場が提供されたりします。自宅にいるだけでは偏った情報しか入ってこないこともありますし，適切ではない機関へ足を運んでしまうことにもなりかねません。そのような危険性を回避するためにも，必要な情報を適切に提供することが大切です。

　しかし，情報を提供する際には注意が必要です。わが子が発達障害かどうか疑わしいという状況に置かれた保護者の中には，現実を知りたくなかったり

(「小学校に行ったら検査をしようかと思っています」と先延ばしにするなど），意識的であれ無意識的であれ知らないふりをしていたり（「全然心配していません」とあっけらかんと言うなど），非常にナーバスになって疑心暗鬼になっていたり（「先生もうちの子をおかしいと思っているんですね？」と不信感をあらわにするなど）する人もいます。情報提供のタイミングはとてもナイーブなものです。日ごろからわが子への心配事を相談してくる保護者に対してならば，必要以上の気遣いはかえって違和感があるでしょうが，そうでない場合は保護者の気持ちにじっくり付き合いつつ，伝えるタイミングを見つけなければなりません。場合によっては園長や主任などと共に話す必要もあるでしょう。

　このような事態に備え，日ごろから障害のある子どもと親，その家庭状況については園全体で情報を共有した上で理解し，支援する態勢にあることが望まれます。園は地域に開かれた「子育て支援センター」としての役割も担っています。このような子どもを担当することとなった場合は，決して自分一人で抱え込まないということ，そして上の立場にある保育者は決して担任に任せきりにすることなど無いよう，他人事としてとらえないことが大前提となります。

（3）信頼できる存在として

　障害のある子どもとその家族が，誰とも違うことのない安定した生活を地域の中で送れるようにする手助けをするのが，保育者の役目です。そのためには必要以上に特別視しないことも大切ですが，特別なニーズを必要とする発達障害についての基本的な知識をもつことが必要とされます。そして園としても個人としても，保護者にとって「信頼できる存在」としていられることが何より期待されることです。

　また，当然の義務ではありますが，秘密保持には細心の注意を払わなければなりません。個人情報を含んだ資料などの扱いはもちろんのこと，公共交通機関や飲食店などにおいて個人の特定につながるような話をすることも慎むべきです。保護者は，本来明らかにしなくてもいいような家庭環境などについて保育者を信じて話しているのです。保護者からの信頼を裏切らないように真摯な

姿勢でいることを忘れてはなりません。

参考文献

改訂・保育士養成講座編纂委員会編（2005）『家族援助論』全国社会福祉協議会.

小林芳郎編著（2005）『家族のための心理学』保育出版社.

阿部和子（2004）『保育者のための家族援助論』萌文書林.

全国社会福祉協議会編（2008）『新保育所保育指針を読む［解説・資料・実践］』全国社会福祉協議会.

ロジャーズ, C.R., 伊藤博編訳（1996）『ロジャーズ全集第4巻　サイコセラピーの過程』岩崎学術出版社.

上里一郎監修，滝口俊子・東山弘子編（2008）『家族心理臨床の実際――保育カウンセリングを中心に』ゆまに書房.

（林　牧子）

第7章　障害幼児の親支援

コラム2　幼小の連携や移行

　2001（平成13）年3月に策定された幼児教育振興プログラムに，「幼稚園と小学校教育との間で円滑な移行や接続を図る観点に立って幼稚園と小学校の連携を推進する」と記されているように，一貫した流れをもった教育が求められています。連携の方法は互いの行事に参加する，小学校の教育活動に園児が参加する，懇談会を持ち情報交換をもつなどが挙げられ，共通理解と「学び」の連続性からの小学校と幼稚園の連携を大切にしています。情報交換，合同研究，合同授業，合同行事等による交流などが連携計画に組み込まれ，教師と保育者が学び合う機会をもつことで，子どもたちがスムーズに小学校での生活を送ることができると考えられます。

　幼児教育では，小学校以降の学習や生活の基盤を作る大切な時期とされ，ねらい，願いをもち環境を整えています。小学校では，子どもたちの発達を考えながら，意欲的に生きる力を身につけるための教科として生活科や総合学習が取り入れられています。しかしながら，実際現場の中では，幼稚園，保育所と小学校の連携体制がどの地域においても普及しているとは必ずしも言えず，これから時間をかけて作り上げていく途中の段階と言えます。現在は地域によって，連携の形はさまざまです。たとえば，愛知県による実態調査の中では，幼稚園，保育所と小学校が情報交換や交流を90%以上の教師や保育者が望んでいるが，十分な連携はなされていないことがうかがえます。

　一方で，お互い時間を作りながら多くの幼稚園，保育所と小学校は，入学前に懇談会を行っています。幼稚園保育所の保育者として願うことは，園児が小学校生活の中で幼稚園や保育所で培った力を基に成長することであり，個別的な支援が必要な園児だけではなく，一人ひとりの園での発達してきた様子を伝えることで，入学後教師が子どもの様子を把握したうえで対応することができると考えているためです。

　保育所指針が改定され，保育所児童保育要録で在園中の情報を送付することになりました。また，幼稚園ではこれまでと同様に幼稚園指導要録の写しを送付されることになりました。こうした引き継ぎ上の記録をはじめ，保育者と教師が子どもたちのためにより良い環境を整えるために行われる連携や移行は，今後重要になってきます。お互いが望んでいる情報交換の充実や，交流の障害となっている時間の確保という課題を解決し，保育者と教師が共通認識をもつことによって，子どもたちにとって一貫した育ちの流れを作ることができます。連携や移行の目的を常に考えながら，取り組んでいくことを大切にしたいです。

（児玉れい子）

Ⅱ
学齢期における障害のある子ども支援
―― ライフステージにおける"自立"に向けて ――

第1章

障害児教育の歩み

　本章では，明治以降の障害児（者）の教育に関する権利保障の展開過程と障害児の生活観の形成過程を概観し，それに伴って障害児教育観，教育内容，教育方法がどのように変化してきたかを概説します。

　戦前の障害児教育は盲・聾唖教育を中心としたものであり，盲・聾教育は制度的に確立されていました。障害の克服や社会に自立させるため職業技能を身につけさせようとする教育内容で，点字や口話を導入し，教育方法を改革しながら盲・聾教育が整備されました。

　戦後，文部省は盲・聾教育を復興し，知的障害，肢体不自由，病弱に対する教育を新しい領域として発足・充実させました。そして，近年には障害児（者）を社会に適応させる教育から障害児（者）が社会に適応できる環境づくりの支援教育へと転換が図られています。障害児（者）を対象とした特殊教育から，一人一人の特別なニーズに対応する特別支援教育へと転換し，彼らへのライフステージを通じた支援を視野に入れた学校教育に転換したのです。なお，本章では混乱を避けるため，記述する時期に応じた用語を使用しています。

1　戦前の障害児教育

　日本は明治維新以降諸外国との交流を通じて欧米の先駆的な教育制度を導入しました。同時に文部省は障害児教育の場を設置すべきと認識していました。1872（明治5）年に公布された「学制」には「其外廃人学校アルヘシ」と定められました。しかし，障害児を「廃人」という語で表現するレベルであり，具体的な措置を提示し得なかったことから，消極的とならざるを得ない状況で

あったものと推察されます。一方教育現場や施設では障害児の教育を試みようという動きが現れました。

(1) 盲教育から盲聾教育の成立と発展

1875（明治8）年ごろ，京都府下の侍賢小学校の教員古河太四郎が瘖啞教場を開設しました。1877年（明治10）盲児の教育も取り入れ，瘖啞教場から盲啞院に改称されました。一方，東京では英国人宣教医フォールズ（H.Fulds）が楽善会を組織し，1879（明治12）年に訓盲院を設置し，後に聾児も受け入れていました。訓盲院は後に楽善会訓盲啞院に改称したあと，文部省の直轄学校を経て1887（明治20）年東京盲啞学校となりました。京都の盲啞院と東京の楽善会訓盲啞院の実践によって盲児・聾児の教育の有効性と必要性がより多くの人々に認識されるようになりました。

1890（明治23）年，改正された小学校令の第40条・41条には盲啞学校の設置に関する規定がなされました。続いて文部省令「幼稚園図書館盲啞学校其他小学校ニ類スル各種学校及私立小学校ニ関スル規則」（文部省令第18号）では，盲啞学校の教員の資格，任用，解職，教則，教科用図書等の扱い，盲啞学校の設置と廃止に関する規定，市町村立・私立学校の設置などが規定されました。これにより明治20年以降盲啞学校の設置が増えつつありました。

一方，この小学校令にふれられていなかった他の障害児の教育にも動きが現れました。義務教育実施により小学校の就学率は高くなりましたが，学習不振児や落ちこぼれの児童が目立っていました。1890（明治23）年長野県の松本尋常小学校に「落第生学級」，1896（明治29）年長野尋常小学校に「晩熟生学級」が設置されましたが，それぞれ長く続きはしませんでした。また，1891（明治24）年石井亮一は知的障害児を含めた濃尾震災の孤女を入所させ，滝乃川学園（孤女学院より改称）を設置しました。1903（明治36）年には渡辺代吉が知的障害児，肢体不自由児，養護児童を収容する富士育児院を創設しました。

1900（明治33）年，小学校令の改正により盲啞学校の小学校附設が認められ，それにより宮城県，長野県，岡山県などの小学校に盲・聾児の学級が設置されました。同令により試験進級制度が廃止され，自動進級制になったことで

落第生や劣等児が多く生じました。また，同令の第33条では「瘋癲，白痴，不具廃疾，病弱，発育不完全，貧窮」の児童の就学猶予と免除が規定されたことで結果的に学習の遅れの問題に対して回避する途が用意されることとなりました。このようなことから盲・聾教育は制度的に確立されつつあるものの，他の障害児の教育については方向性さえ提示されなかったと言えます。

（2）盲・聾教育の教育制度の確立と他の障害児教育の発足

1907（明治40）年東京盲唖学校で全国盲唖学校教員大会が開催され，盲教育と聾唖教育の指導法の違いで分離されることが議論されました。1910（明治43）年東京盲唖学校は東京盲学校と東京聾唖学校に分離されました。しかし，その後各地で小規模の私立盲唖学校が設置され，1912（明治45）年57校，1922（大正11）年78校にのぼりました。

同年4月，文部省訓令の師範学校規程において師範学校附属小学校に盲児，唖児，心身の発育不完全児を教育するため，特別学級の設置とその教育方法の研究が求められました。それにより東京，北海道，徳島，群馬，千葉，高知，和歌山，三重などの師範学校附属小学校に盲児・聾児，落第生や劣等児の学級が設けられましたが，長く継続しませんでした。1908（明治41）年10月，東京高等師範学校附属小学校に樋口長市によって低能児の学級が設置されました（現筑波大学附属大塚特別支援学校）。施設では，1909（明治42）年脇田良吉の白川学園，1916（大正5）年岩崎佐一の桃花塾，1919（大正8）年川田貞次郎の藤倉学園がありました。

一方病弱と肢体不自由の教育では，1900（明治33）年文部省が「学生生徒身体検査規定」を公布し，病弱の児童に休暇集落が実施されました。1917（大正6）年日本の社団法人白十字会は神奈川県茅ヶ崎町に白十字会林間学校を設置しました。1921（大正10）年柏倉松蔵は肢体不自由児の柏学園を創設しました。1924（大正13）年，身体虚弱児童は全国平均5％もおり，そのため小学校に養護学級が設置されました。

1923（大正12）年，盲学校及聾唖学校令により盲唖学校を解体し，道府県が盲学校と聾唖学校を設置することが義務づけられました。これを契機として東

京の公立小学校では聾，弱視，難聴，落第生，病弱の特殊学級が次々と設置されました。1932（昭和7）年，東京市教育局は肢体不自由児を対象とした公立東京市立光明学校を設置しました。またビネー知能検査の導入を契機に，1940（昭和15）年全国初の公立の知的障害児を対象とした大阪市立思斉学校が設置されました。

1941（昭和16）年，国民学校令施行規則第53条では，身体虚弱，精神薄弱その他の心身障害の児童に養護学級，学校を設置すると規定しました。また同年5月に出された文部省令第55号では，養護学級又は養護学校には身体虚弱，弱視，難聴，吃音，肢体不自由等を分類して設置すべきと明記されました。このように他の障害児の教育は盲・聾教育より大幅に遅れましたが，この時期ようやく政策や制度に取り入れられたのです。

（3）戦前の障害児教育観と教育内容・方法

京都の盲啞院では1日5時間で読書，書取，綴字，地理，算術，習字，触覚，聴覚といった科目を基本にしていました。盲児に触読，掌書法，背書法，鉄筆法，手算法などを教え，遊戯，体操，歩行の指導を行いましたが，期待された教育効果に至らなかったため，口授や暗記に切り換えられました。また音曲，按鍼術，紙撚細工などの職業教育も取り入れていました。聾児には指文字や数の手指記号，空書を含む手話表現，手話を交えた読方，作文，筆談，習字を教えていました。

一方，東京の楽善会訓盲啞院は小学校の学習内容を基本にしていました。しかし，触覚や聴覚，凸字による指導の効果が得られず，京都の盲啞院と同様に口授暗唱に変わり，箏曲，按摩や鍼治などの職業教育も取り入れました。1880（明治13）年のミラノ世界聾教育会議で口話法優位の議決が採択され，明治末期から昭和にかけて聾児の指導は口話法が主流となりました。盲教育においては，1890（明治23）年東京盲啞学校の石川倉治らの五十音点字が採用され，「日本訓盲点字」として全国に普及しました。

当時諸外国との交流により欧米の新教育の影響を受けて，個性尊重や児童自身の活動を重視する教育改革の動きが見られました。乙竹岩造はドイツのマン

ハイム市の能力別の学級編制法を導入し，また明石女子師範学校附属小学校の及川平治は学級内を能力別グループに分け，複式で教育を行う「分団式教育」を実践していました。これらの個に応じた教育内容や教育方法は，当時の落第生や劣等児の教育関係者に注目されました。このような先進的実験的な取り組みが行われる一方で，通常学校の補助学級や促進学級では尋常小学校の教育内容のレベルを下げ，時間をかけて丁寧に指導する傾向が強かったのです。1923（大正12）年に公布された「公立私立盲学校及聾唖学校規定」では，盲・聾唖学校の教育内容は「普通教育を施す」ことと，「生活に必要な知識・技術を授ける」と定められました。東京市光明学校は小学校に準じた教育課程でしたが，生活科と職業科を特設し，英語を選択科目としました。

　施設では滝乃川学園を設立した石井はセガン（Séguin, É.O.）の生理学的教育方法を導入しました。彼は感覚教育を取り入れ，実物による学習指導，生活を通した生活指導を実践し，教育・生活・労働・医療を関連づけ，障害児の発達要求を統一的に保障しようと考えたのです。柏学園では，小学校に準ずる教育を施し，整形外科的治療とリハビリテーション，遊び，職業教育を関連づけて，療育という考えのもと実践を行っていました。このように施設では障害児の生活に視点をおき，柔軟な内容・方法で指導を行い，障害児により適切な指導を追求しようとする側面がありました。

　盲・聾教育は初期から社会で生活自立のため職業技能の科目を教育課程に取り入れていました。他の障害児への教育は施設内の指導が主導的であり，児童生徒の生活指導に重点がおかれました。また新教育の影響で有志者による障害児の生活を重視した教育実践を行う動向があったものの，障害児を対象とした学級では主に小学校の教育課程に準じた内容であり，全面的に展開されるまでには至りませんでした。

2　戦後特殊教育の形成と展開

　戦後日本の教育の再建のために派遣されたアメリカ教育使節団の第一次報告書では，障害児を教育する特別な学級と学校を用意すべきであり，障害児の就

学は通常の義務教育法に規定されなければならないと提案されました。これが学校教育法に盲・聾・養護学校，特殊学級に関して新たな規定を行う根拠となっていきました。

　1947（昭和22）年3月に公布された学校教育法では，児童の教育機会を等しく保障しようという原則（第71条）から，都道府県に必要な盲・聾・養護学校の設置（第74条），保護者が障害児を就学させる義務（第22条，第39条）を規定しました。同時に就学に困難が認められる児童生徒の保護者の就学させる義務の猶予・免除（第23条，第40条）も定められたため，障害児の教育を受ける権利はその後充分には保障されないままにされたのです。当時，学校教育法には障害児の定義や基準，教育措置が示されなかったし，全国に養護学校は数校しかないという状況でした。そのため，1953（昭和28）年6月，文部事務官名で「教育上特別な取扱を要する児童生徒の判別基準について」という通達を出しました。1961（昭和36）年10月に改正された学校教育法の第71条の2と，翌年改正された同法施行令の第22条の2（現行第22条の3）で，盲・聾・養護学校に就学する児童生徒の障害の程度が定められました。また1959（昭和34）年12月の中央教育審議会答申（「特殊教育の充実振興について」）を受け，盲，聾学校の高等部の設置，肢体不自由養護学校は1960（昭和35）年から5カ年の設置計画，精神薄弱と病弱養護学校は1962（昭和37）年から設置計画，そして特殊学級の設置計画を明確にしました。その結果，肢体不自由養護学校は1969（昭和44）年度，精神薄弱と病弱養護学校は1973（昭和48）年度で未設置の都道府県が解消されました。

（1）盲・聾教育の復興と知的障害児教育の発足

　戦争直後，1946（昭和21）年2月聾唖学校教員の全国大会が開催され，盲・聾唖学校の義務制を即時に実施すべきと提議されました。そして盲学校教員と共に義務制実施に働きかけた結果で，1948（昭和23）年度から義務制の実施に移されました。

　一方，文部省は「特殊教育教員再教育講習会」を開催し，盲・聾・精神薄弱の三班に分けて再教育を行いました。そこで結成された「特殊教育研究連盟」

（現在「全日本特別支援教育研究連盟」）は今日まで日本の障害児教育を導いています。また「教育指導者講習会」（IFEL）にも特殊教育班が設けられました。教育現場では，1946（昭和21）年4月，東京都渋谷区大和国民学校の補助学級が再開されました。続いて1947（昭和22）年，文部省教育研修所内に品川区立大崎中学校分教場が設けられ，1950（昭和25）年青鳥中学校（現東京都立青鳥特別支援教育学校）として独立されました。その後各地で開催された講習会や研究集会により特殊学級は漸増していました。同時にアメリカの経験主義教育の紹介と，復興により労働力の需要から精神薄弱児には生活自立と社会に適応する能力を育てようとし，戦前補助学級などで行われた「水増し」教育を，「身辺自立」「社会への適応能力」「働く力」に重点をおく教育に転換しました。障害者が「社会のお荷物にならない」ように我慢強く社会に適応し，黙々と働くことができるよう，生活単元学習と作業単元学習を主とした指導形態を導入したのです。その代表的な実践は青鳥中学校の「バザー単元」と「学校工場方式」でした。

　それに対して，1950（昭和25）～1962（昭和37）年の長崎県の特殊学級（みどり組）の担任近藤益雄（1907 - 1964年）は，精神薄弱児を社会に適応させる教育ではなく，社会全体が精神薄弱児の適応できる環境を整えることを提案しました。近藤は，精神薄弱児の生涯を通した生活，教育，労働の場として「のぎく寮」と「なずな寮」（息子・近藤原理が経営していました）を開設し，精神薄弱児（者）らの生活を切り開く力を育てようとしました。

　また1946（昭和21）年11月，糸賀一雄（1914 - 1968年）によって開設された近江学園は発達保障を理念として，障害児の発達は縦軸ではなく，横軸の無限にひろがってゆく無限の発達の可能性があることを示しています。近江学園は障害者の一人一人のライフステージを通じた生活と教育と仕事の場を保障しようとし，軽度から重度の精神薄弱者に対応しようとして，落穂寮，信楽青年寮，あざみ寮，一麦寮，日向弘済学園，びわこ学園，第二びわこ学園といった施設を次々と設置しました。

　一方，肢体不自由児に対しては教育施策より福祉施策が先行し，1947（昭和22）年12月の児童福祉法の公布により多くの施設が作られました。肢体不自

由児の教育は施設内の特殊学級や小・中学校の分校からはじまるというものでした。1952（昭和 27）年 4 月大阪府立養護学校（現大阪府立堺養護学校）が大阪府立盲学校の附属肢体不自由特殊学級から独立する形で設置されました。また終戦後の食糧不足，衛生環境の不良と結核の蔓延により身体虚弱児と結核病の児童生徒が目立っていました。1946（昭和 21）年文部省の体育局長通知「学校衛生刷新ニ関スル件」により養護施設の設置が奨励され，戦前の養護施設や小学校の養護学級が特殊学級として復活しました。

（2）学習指導要領の公布

　1956（昭和 31）年 6 月，「公立養護学校整備特別措置法」が公布され，養護学校が設置されつつあり，養護学校学習指導要領の作成が急務とされていました。1956（昭和 31）年東京の品川区中延小学校，浜川中学校は，道徳，情緒，知識，技術，身体，と 5 つの領域に分けた「品川プラン」を提示しました。一方 1959（昭和 34）年文部省は生活，情緒，健康，生産，言語，数量，と 6 つの領域で構成された教育課程の資料「六領域案」を提示しました。こうした方向があったにもかかわらず，1960（昭和 35）年 11 月「養護学校小学部・中学部学習指導要領精神薄弱教育編」の作成委員会は各教科による教育内容の「暫定案」を示しました。そのため，生活か教科かという激しい議論が生じ，教育現場も戸惑いました。それを解決するため，1966（昭和 41）年 3 月に発行された解説書では，精神薄弱教育における各教科は精神薄弱児に適した教育内容とし，指導形態は各教科や領域を合わせた授業を中心に行うと解説しました。この 2 点は今日までも精神薄弱児教育の教育課程の本質的な特色となっています。

　一方，盲・聾学校学習指導要領は 1957（昭和 32）年に公布されましたが，基本的に小・中学校の学習指導要領各教科編の基準に準ずるよう定められました。教育目標は「身体的発達」「社会的適応」「知識技能の習得」「職業的能力の自覚」という 4 つの点で定められました。1960（昭和 35）年盲・聾学校高等部学習指導要領が公布されました。盲学校の教育課程は「理療課程」「音楽課程」「普通課程」及び「その他の課程」に分けられていました。聾学校の教育

課程は「木材工芸課程」「印刷課程」「被服課程」「理容課程」「農業課程」「普通課程」及び「その他の課程」に分けられました。

1963（昭和38）年公布された養護学校学習指導要領も基本的に小・中学校に準じるよう定められました。肢体不自由養護学校の教科に「機能訓練・体育」，「機能訓練・保健体育」が設置されました。病弱養護学校の教育課程に「養護活動」が設置され，教科に「養護・体育」「養護・保健体育」が設置されました。一方精神薄弱の学習指導要領では「教育の具体目標」を特設し，「身辺自立の確立と処理」「集団生活への参加と社会生活の理解」「経済生活及び職業生活への適応」を掲げていました。このように戦後初の学習指導要領は小・中学校に準じ，障害を克服・軽減するため，特別な教科や領域が設置されたのです。盲・聾学校，精神薄弱養護学校は社会に適応する能力や職業能力の育成が強く求められていたと言えるでしょう。

（3）特殊教育の体系的整備

1960年代初期，日本教職員組合の特殊教育部会は当時の社会適応・順応論を疑問とし，障害児の主体性を求めようとして，「権利としての障害児教育」「全面発達を保障する教育」を障害児教育の原則として運動を行いました。これを契機に1969（昭和44）年全国障害者問題研究会（略称，全障研）が結成されました。当時全国に就学猶予・免除とされた障害児が1万人以上いましたし，在学中の児童生徒には中学校卒業後の居場所がありませんでした。このような現状に対して，すべての障害児に学校教育を受ける権利を与える全員就学運動，養護学校の高等部を設置する運動が行われました。

1962（昭和37）年10月，文部省初等中等教育局長通達（文初特第380号）により言語障害児は特殊学級または通常学級で指導を受けると示されたので，言語障害の特殊学級が急速に増えました。また，同年度文部省は言語障害の早期教育のため，全国的に聾学校に幼稚部を設け，3歳児と4歳児学級を設置しました。一方1961（昭和36）年児童福祉法に「情緒障害短期治療施設」の設置が定められ，それらの治療施設内に特殊学級を設置することになりました。文部省の1965（昭和40）年「心身障害児の判別と就学指導」の手引書より発達障害

が特殊教育の対象になることが明確にされました。1969（昭和44）年文部省は「特殊教育の基本的な施策のあり方について（報告）」を出し，視覚障害，聴覚障害，肢体不自由，病弱・身体虚弱，情緒障害の児童生徒が地域の通常学校に就学できる特殊学級の設置が促されました。上記のような動きから軽度障害児の適正就学が促進され，また全員就学運動により，重度・重複の障害児が特殊教育諸学校に就学することになりました。

　1971（昭和46）年3月に「特殊教育諸学校（小・中学部）学習指導要領」，翌年4月には「養護学校高等部学習指導要領」が告示されました。教育課程に心身の適応，感覚機能の向上，運動機能の向上，意思の伝達と4つの項目で構成した「養護・訓練」という領域が新設されました。精神薄弱養護学校以外の特殊教育諸学校の学習指導要領が統一され，重度・重複の児童生徒には養護・訓練を主として指導することが可能になりました。また精神薄弱養護学校の教科には社会，理科，家庭科をなくし，「生活科」を新設しました。その「生活科」の内容は基本的生活習慣，健康安全，遊び，交際，役割，仕事，決まり，金銭，自然，社会の仕組み，公立の施設という11項目で構成されました。障害児の重度化により肢体不自由と病弱養護学校も合科授業または統合授業が認められるようになりました。また盲学校高等部の教科に「保健理療」「理療」が新設されました。

（4）養護学校就学義務制の実施

　国際連合では，1971（昭和46）年「精神薄弱者の権利宣言」，1975（昭和50）年「障害者の権利宣言」が採決された。1975（昭和50）年アメリカでは「全障害児教育法」が制定され，メインストリーミング理念が提唱されました。また1978（昭和53）年イギリスの「ウォーノック報告」や1981（昭和56）年の教育法により障害児が地域の学校に就学することが重視され，彼らのニーズを支援する方針が示されました。このように国際的には障害児教育は分離から統合への方向へ進められました。国内では全国障害者問題研究会や手をつなぐ親の会も分離と統合について議論を行っていました。この流れから言えば養護学校への就学義務制実施は障害児の教育を受ける権利の保障を確立し，実質的な教育

内容を保障することで一定の進展をもたらすものと認められるものの，教育の場の選択肢が限定されてしまい，障害児が地域から引き離されてしまうという議論が提起されたのです。

一方，文部省は養護学校への就学義務制実施をめざし，1972（昭和47）年度から特殊教育拡充7ヶ年計画で障害児が全員入学できるように養護学校の設置を策定しました。1978（昭和53）年初等中等教育局長通達「教育上特別な取扱いを要する児童・生徒の教育措置について（第309号）」が出されました。それにより就学免除・猶予が実質的に失効しました。同年，文部省は「訪問教育の概要（試案）」を発表し，1979（昭和54）年養護学校への就学義務制実施と同時に，通学に困難がある障害児に対して訪問教育を実施することを決めました。これによりすべての障害児が教育を受ける権利を一応保障されることになりました。

1979（昭和54）年養護学校への就学義務制実施に伴い，特殊教育諸学校の学習指導要領が一本化された。一般の教育と同じ基本方針に立ち，障害児の特性から，重度・重複障害者への教育課程の編成に一層の弾力化を図ること，訪問教育の教育課程編成の特例を示すこと，児童福祉施設等との連携を密にすること，通常学校の児童生徒との交流を促進することを加えるよう示されました。また，従来精神薄弱養護学校が独自の教育目標だった内容を特殊教育諸学校共通の目標に改めました。そして高等部の職業に関する各教科科目を現場実習に替えることができるとされました。1983（昭和58）年の精神薄弱養護学校指導要領解説には「遊びの指導」を教育課程に位置づけ，生活経験主義の教育を定着させ，身辺自立と社会の適応能力を育てる方針であることが示されています。

1970年代，国際的には統合教育の方向に進みましたが，日本は養護学校への就学義務制実施，軽度障害児の適正就学という分離教育を確立できた状況にとどまっていました。特殊教育諸学校に就学した障害児は居住地域から離された生活を送ることになり，障害児の居住地と離れた特殊教育諸学校で行われた教育は障害児が障害を克服し，身辺自立する力，社会に適応する能力を育てることができるかもしれないが，地域の人々からの理解や交流は期待しにくくな

3 統合的環境整備要求と特別支援教育への転換

(1) 特殊教育の充実

　国際連合では1981（昭和56）年が「国際障害者年」とされ，日本はノーマライゼーションの理念の実現に向けて，障害者施策について長期計画や重点実施計画などの総合的な政策を策定しました。それらの施策に早期教育を重要な項目として取り入れました。1982（昭和57）年特殊教育研究調査協力者会議の「心身障害児に係る早期教育及び後期中等教育の在り方（報告）」では，3歳未満児と3歳以降就学前児への対応が提言されました。それらを踏まえて，1997（平成9）年，特殊教育の改善・充実に関する調査研究協力者会議の第二次報告では，乳幼児の療育・教育の相談事業の実施，個別の指導計画の作成，地域の諸関連機関との連携が盲・聾・養護学校に求められました。同年度，盲・聾・養護学校の高等部に訪問教育の試行的実施を行うことになりました。また1993（平成5）年1月に学校教育法施行規則の改正により「通級による指導」が制度化されました。これらを通じて乳幼児から高等部までの障害児（者）の療育・保育・教育の充実が図られることになったのです。

　文部省は1989（平成元）年10月改訂された特殊教育諸学校学習指導要領に加えて幼稚部教育要領も制定し，障害児の早期教育を視野に入れました。領域とした養護・訓練は従来の4区分を5区分にし，内容も12項目を18項目に変更し，生活リズムや生活習慣，対人関係の形成といった身辺自立と社会適応に関する内容を加えています。また，職業教育を推進し，精神薄弱養護学校の高等部に就職と直接につながる「家政」「農業」「工業」という教科が新設されました。

　1996（平成8）年の中央教育審議会の答申では「ゆとり」教育と，感性を重視した「生きる力」を育てる学力観が提示されました。また学校の完全5日制，教育課程に「総合的な学習の時間」を設けることが提言されました。それを受けて，1999（平成11）年3月に改訂された特殊教育諸学習指導要領では

「養護・訓練」を「自立活動」に改め，個々の幼児児童生徒が障害に基づく種々の困難を改善・克服するための学校教育方針を一層明確に示しました。また，個々の幼児児童生徒の実態を的確に把握し，個別の指導計画に基づいて指導することが求められました。一方，通常学校にある特殊学級と通級による指導については小学校及び中学校の学習指導要領に明記されました。

(2) 特別支援教育への転換

2006 (平成 18) 年第 56 回国連総会決議で「障害者の権利条約」が採択されました。この権利条約では障害者がもっている諸能力を可能な最大限度まで発達させること，障害者が地域の人々と同様に教育されること，生活する技能，社会的な発達を最善な環境で個別化された支援措置を確保することが求められています。

日本では，2001 (平成 13) 年の「21 世紀の特殊教育の在り方について～一人一人のニーズに応じた特別な支援の在り方について～ (最終報告)」ではノーマライゼーションの進展に向け，乳幼児期から学校卒業まで一貫した生活・就労支援などを充実するため，教育と福祉，医療，労働等と連携することや，盲・聾・養護学校が地域の障害児教育のセンターとしての機能を果たすことが求められています。上記の報告を踏まえて，2003 (平成 15) 年 3 月の「今後の特別支援教育の在り方について (最終報告)」では，幼児児童生徒の一人一人のニーズを把握して，地域における総合的な教育的支援を行うため，教育・福祉・医療等の関連機関が連携協力して，個別の教育支援計画の策定，実施，評価が行われています。さらに 2005 (平成 17) 年 12 月，中央教育審議会の「特別支援教育を推進するための制度の在り方について (答申)」では，特別支援学校は，地域で教育を受けるすべての特別なニーズをもつ幼児児童生徒に指導と教育的支援を行うため，各障害種別の専門性を確保すること，また小・中学校等の教員に特別支援教育等に関する相談・情報提供を行うこと，そして福祉・医療・労働などの関連機関と連絡・調整を行うことを求められています。

このように障害児教育を改革する報告や答申を受けて，2007 (平成 19) 年 6 月の学校教育法改正により特殊教育から特別支援教育に転換されました。特殊

教育は障害種別に応じ盲・聾・養護学校や特殊学級，通級指導教室という場で教育を行っていましたが，特別支援教育では従来の特殊教育では対象外とされた学習障害，注意欠陥多動性障害，高機能自閉症などの軽度発達障害の幼児児童生徒も対象に含まれ，一人一人のニーズに基づいた教育することとされました。同時に乳幼児から学校卒業まで，地域の諸機関が連携して，幼児児童生徒の学習と生活の支援教育を行うことが求められています。

　2009（平成21）年度から実施される新しい学習指導要領では，「ゆとり」教育から一人一人に「確かな学力」を身につけることに転換されました。幼児児童生徒の一人一人に応じた指導，学校・地域・専門機関の連携，幼児児童生徒のライフステージを通した教育の支援体制づくりが求められています。

4　まとめ

　これまで述べてきたように，戦前，日本の特殊教育は盲・聾教育を中心として展開されました。そこには障害児への差別意識から，身辺自立や職業能力を重視した教育を行っていました。戦後，盲・聾教育の復興と他の障害児への教育の新設にも経済界の能力主義の影響が色濃く現れていたと言えるでしょう。特に知的障害児教育で行われてきた生活経験主義の教育は皆に愛される障害児づくりの発想から社会に適応する能力と黙々と働く力が求められていました。特殊教育は障害児の一人一人のライフステージを通じた教育を保障するより，むしろ社会に求められる能力を障害児（者）らに獲得させようとしたものでした。

　21世紀に入り，日本の障害児教育は新しい時代を迎えました。従来の社会に適応できる能力を養成するため，障害を克服させようとする特殊教育から，障害児が社会に適応できるよう社会的な環境づくりを行う特別支援教育に転換されました。また従来の特殊教育諸学校，特殊学級といった「場」を中心とした教育サービス提供から，幼児児童生徒の一人一人のニーズに応じた支援を行おうとする特別支援教育に転換されました。さらに教師の指導を中心とした特殊教育から，学校・地域・専門機関の人々の協働しあう特別支援教育に転換さ

れました。このように特別支援教育は幼児児童生徒のライフステージを見通した発達を考慮して行う教育です。しかし，教育現場では従来の特殊教育諸学校，特殊学級の名称を変換しただけで，機能的にはほとんど変革を達成できていないところがあり，学校・地域・専門機関が有機的に協働していく上で中枢として機能するはずのコーディネーターの専門性を明確に定めず，権限ある位置づけもしていないなど，問題点も多く指摘されるところです。今後，新しい制度を構築していくための予算の裏付けも必要となってくると思われます。

参考文献

中野善達・加藤康昭（1991）『我が国特殊教育の成立』（改訂新版）東峰書房.

梅根悟監修（1974）『世界教育史大系33』講談社.

文部科学省（1999）「特殊教育120年の歩み」.

近代日本教育制度史編纂会編（1979）『近代日本教育制度史料』第2巻，講談社.

精神薄弱問題史研究会編（1988）『障害者教育史』日本文化科学社.

東京都品川区立浜川中学校（1960）「特殊学級の教育課程について」『精神薄弱児研究』26号.

林部一二（1966）「特殊教育における職業教育」『学校運営研究』3月号明治図書.

近藤益雄（1975）『近藤益雄著作集Ⅱ』明治図書.

糸賀一雄（1983）『糸賀一雄著作集Ⅲ』日本放送出版社.

文部省（1983）『特殊教育諸学校学習指導要領解説』東山書房.

文部省告示（1999）『盲学校，聾学校及び養護学校学習指導要領』財務省印刷局.

文部科学省（2008）『特別支援学校小学部・中学部指導要領』.

21世紀の特殊教育の在り方に関する調査研究協力者会議（2001年3月）『21世紀の特殊教育の在り方について（最終報告）』.

特別支援教育の在り方に関する調査研究協力者会議（2003年3月）『今後の特別支援教育の在り方について（最終報告）』.

中央教育審議会（2005年12月）『特別支援教育を推進するための制度の在り方について（答申）』.

日本知的障害福祉連盟（2006）『発達障害白書2007』日本文化科学社.

（張　穎楨）

第 2 章
障害児教育の現状

　特殊教育から特別支援教育への動きは，①2001 年の「21 世紀の特殊教育の在り方について（最終報告）」，②2003 年の「今後の特別支援教育の在り方について（最終報告）」，③2005 年の「特別支援教育を推進するための制度の在り方について（答申）」を経て，「学校教育法等の一部を改正する法律」が 2006 年 6 月 15 日に衆議院本会議において可決・成立し，21 日に公布され，2007 年 4 月から特別支援教育への制度的転換がなされました。ここでは，こうした新しい制度のもとでの，障害児教育の現状を理解します。

1　学校教育法の一部改正

　「学校教育法等の一部を改正する法律」（平成 18 年法律第 80 号）においては「一人一人の教育的ニーズに応じた適切な教育の実施や，学校と福祉，医療，労働等の関係機関との連携がこれまで以上に求められているという状況に鑑み，児童生徒等の個々のニーズに柔軟に対応し，適切な指導及び支援を行う」という観点から，図 2 - 1 と図 2 - 2 に示されるように特別支援教育のシステムが制度化されました。
　特徴としては，第一に，これまでの盲・聾・養護学校の区別をなくして特別支援学校として一本化したこと。第二に，その目的を障害による学習上又は生活上の困難を克服し自立を図るために必要な知識技能を授けることに修正したこと。第三に，幼稚園・小学校・中学校・高校・中等教育学校において特別支援教育を推進するための規定を位置づけたこと。第四に，特別支援学校の教員の免許状を一本化したことにあります。

Ⅱ 学齢期における障害のある子ども支援

図2-1 盲・聾・養護学校から特別支援学校へ

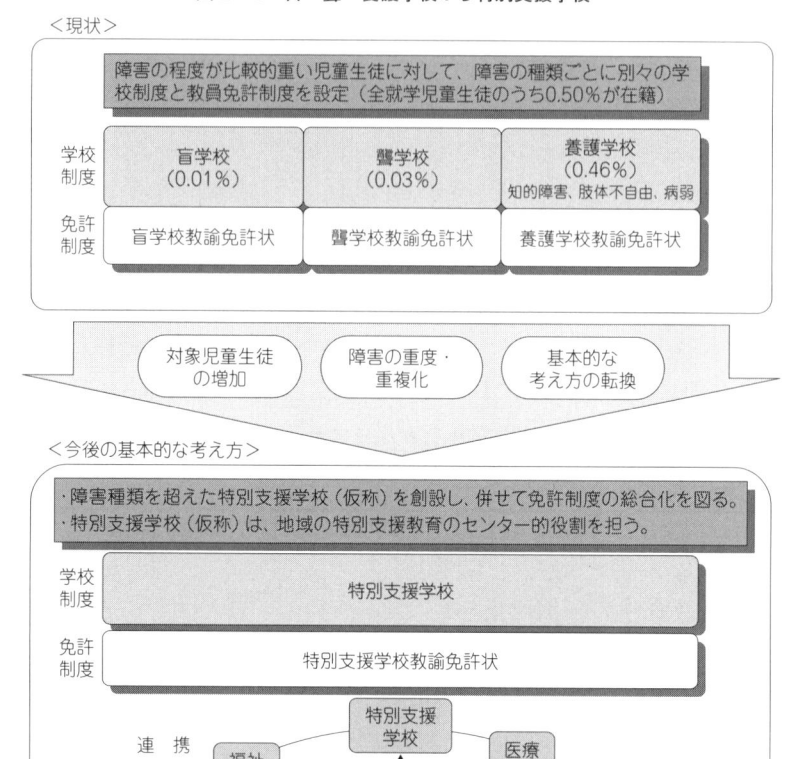

＜現状＞

障害の程度が比較的重い児童生徒に対して、障害の種類ごとに別々の学校制度と教員免許制度を設定（全就学児童生徒のうち0.50％が在籍）

学校制度	盲学校 (0.01％)	聾学校 (0.03％)	養護学校 (0.46％) 知的障害、肢体不自由、病弱
免許制度	盲学校教諭免許状	聾学校教諭免許状	養護学校教諭免許状

- 対象児童生徒の増加
- 障害の重度・重複化
- 基本的な考え方の転換

＜今後の基本的な考え方＞

・障害種類を超えた特別支援学校（仮称）を創設し、併せて免許制度の総合化を図る。
・特別支援学校（仮称）は、地域の特別支援教育のセンター的役割を担う。

学校制度	特別支援学校
免許制度	特別支援学校教諭免許状

連携　　　　　　　特別支援学校　　　　　　　支援

福祉　　医療　　労働　　大学　　幼稚園　　保育所　　小学校　　中学校　　高校

（出所）文部科学省HP。

第 2 章　障害児教育の現状

図 2-2　特別支援教育の対象の概念図（義務教育段階）

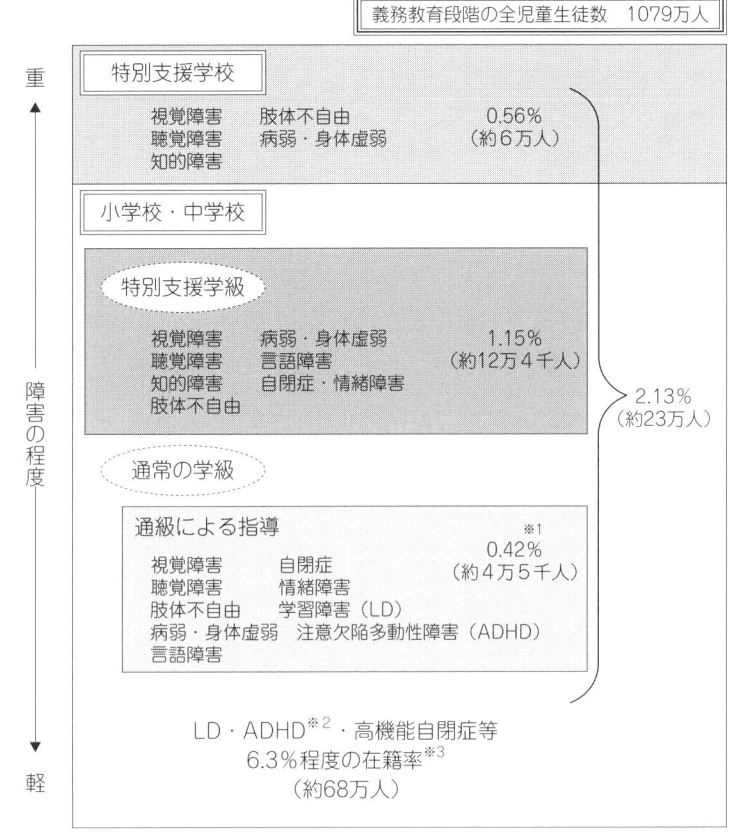

義務教育段階の全児童生徒数　1079万人

重 ←─── 障害の程度 ───→ 軽

特別支援学校
- 視覚障害　　肢体不自由
- 聴覚障害　　病弱・身体虚弱
- 知的障害

0.56%（約6万人）

小学校・中学校

特別支援学級
- 視覚障害　　病弱・身体虚弱
- 聴覚障害　　言語障害
- 知的障害　　自閉症・情緒障害
- 肢体不自由

1.15%（約12万4千人）

通常の学級

通級による指導　※1
- 視覚障害　　自閉症
- 聴覚障害　　情緒障害
- 肢体不自由　学習障害（LD）
- 病弱・身体虚弱　注意欠陥多動性障害（ADHD）
- 言語障害

0.42%（約4万5千人）

2.13%（約23万人）

LD・ADHD※2・高機能自閉症等
6.3%程度の在籍率※3
（約68万人）

※1　平成19年5月1日現在の数値
※2　LD（Learning Disabilities）：学習障害
　　ADHD（Attention-Deficit / Hyperactivity Disorder）：注意欠陥多動性障害
※3　この数値は，平成14年に文部科学省が行った調査において，学級担任を含む複数の教員により判断された回答に基づくものであり，医師の診断によるものでない。
（※1及び※3を除く数値は平成20年5月1日現在）
（出所）文部科学省HP。

2　特別支援教育の理念

　特別支援教育の理念の特徴は，2007年4月1日に文部科学省から出された「特別支援教育の推進について（通知）」にあらわされています。そこでは以下のようにまとめられています。

　　「特別支援教育は，障害のある幼児児童生徒の自立や社会参加に向けた主体的な取組を支援するという視点に立ち，幼児児童生徒一人一人の教育的ニーズを把握し，その持てる力を高め，生活や学習上の困難を改善又は克服するため，適切な指導及び必要な支援を行うものである。また，特別支援教育は，これまでの特殊教育の対象の障害だけでなく，知的な遅れのない発達障害も含めて，特別な支援を必要とする幼児児童生徒が在籍する全ての学校において実施されるものである。さらに，特別支援教育は，障害のある幼児児童生徒への教育にとどまらず，障害の有無やその他の個々の違いを認識しつつ様々な人々が生き生きと活躍できる共生社会の形成の基礎となるものであり，我が国の現在及び将来の社会にとって重要な意味を持っている。」

　ここでは，第一に，幼・小・中・高といったライフステージにわたっての支援であること。第二に，軽度発達障害児も含んで教育の対象を拡大したこと。第三に，共生社会をめざすことといった点に特徴があります。

3　義務教育段階での特別支援教育システムの現状

　近年，これまであった養護学校や特殊学級に在籍している児童生徒が増加する傾向にあり，通級による指導を受けている児童生徒も平成5年度の制度開始以降増加してきています。養護義務教育段階での児童生徒の就学状況について，文部科学省初等中等教育局特別支援教育課『特別支援教育資料（平成19年度）』によると，2007年5月現在においては，特別支援学校在学者は5万8,285人（0.5％），特別支援学級在籍者は11万3,377人（1.0％），通級による指導を受

けている者は4万5,236人（0.4％）となっています。合計すると21万6,898人で全児童生徒数1,081万5,272人の1.9％となっています。また，障害により就学猶予・免除を受けている者は大幅に減って，77人（0.001％）となっています。

さらに，学習障害（LD），注意欠陥多動性障害（ADHD），高機能自閉症等，学習面か行動面で著しい困難を示し，特別な教育的支援を必要とする児童生徒数について，文部科学省が2002年2月から3月にかけて実施した「通常の学級に在籍する特別な教育的支援を必要とする児童生徒に関する全国実態調査」の結果では，6.3％の割合で通常の学級に在籍している可能性を示しています。

（1）特別支援学校の状況

表2-1からわかるように，2006年5月現在で，盲・聾・養護学校は全国で1,006校設置されています。在学者数をみると，知的障害者が最も多く，次に肢体不自由者，盲者，病弱者，聾者の順になっています。

学校教育法第75条では，上記五障害の程度は政令で定めるとされており，これに当たるのが次に整理した学校教育法施行令第22条の3です。

視覚障害者………両眼の視力がおおむね0.3未満のもの又は視力以外の視機能障害が高度のもののうち，拡大鏡等の使用によっても通常の文字，図形等の視覚による認識が不可能又は著しく困難な程度のもの

聴覚障害者………両耳の聴力レベルがおおむね60デシベル以上のもののうち，補聴器等の使用によっても通常の話声を解することが不可能又は著しく困難な程度のもの

知的障害者………一　知的発達の遅滞があり，他人との意思疎通が困難で，日常生活を営むのに頻繁に援助を必要とする程度のもの

　　　　　　　　　二　知的発達の遅滞の程度が前号に掲げる程度に達しないもののうち，社会生活への適応が著しく困難なもの

肢体不自由者……一　肢体不自由の状態が補装具の使用によっても歩行，筆記等日常生活における基本的動作が不可能又は困難な程度のもの

　　　　　　　　　二　肢体不自由の状態が前号に掲げる程度に達しないもののうち，

> 　　　　　　　　　常時の医学的観察指導を必要とする程度のもの
> 病　弱　者………一　慢性の呼吸器系疾患, 腎臓疾患及び神経疾患, 悪性新生物その
> 　　　　　　　　　他の疾患の状態が継続して医療又は生活規制を必要とする程度の
> 　　　　　　　　　もの
> 　　　　　　　二　身体虚弱の状態が継続して生活規制を必要とする程度のもの

　なお，平成2002年度から，以上のような基準に該当しても小・中学校において適切な教育を受けることができる特別な事情があると認める場合は，「認定就学者」と称して，小・中学校に就学できるようになっています。

　同法第76条では，幼稚部・小学部・中学部・高等部の設置について規定されています。各学部の学級編制の基準は，小・中学部は6人，高等部は8人（重複障害学級は小・中・高等部とも3人）となっています。同法第77条では，教育課程についての規定がなされています。

　さらに，「特別支援教育を推進するための制度の在り方について（答申）」では，地域の特別支援教育のセンター的機能として，①小・中学校等の教員への支援機能，②特別支援教育等に関する相談・情報提供機能，③障害のある幼児児童生徒への指導・支援機能，④福祉，医療，労働等の関係機関等との連絡・調整機能，⑤小・中学校等の教員に対する研修協力機能，⑥障害のある幼児児童生徒への施設設備等の提供機能が強調されています。こうした機能の充実のキーパーソンとして特別支援教育コーディネーターが位置づけられています。

　特別支援学校でのもうひとつの教育形態として訪問教育があります。これは，障害が重いため通学できない児童生徒に対して，家庭・施設・病院等に教員が出向いて指導するものです。1979年に実施された養護学校教育の義務制とともに，小・中学部で始まり，その後，1998年に高等部においても全都道府県で実施されることになりました。

（2）特別支援学級の状況

　表2-2からわかるように，特別支援学級には，障害種別としては，知的障害，肢体不自由，病弱・虚弱，弱視，難聴，言語障害，情緒障害が設置されて

第2章 障害児教育の現状

表2-1 特別支援学校の現状（国・公・私立計）（2006年5月1日現在）

区 分		学校数（校）	在学者数（人）					本務教員数	本務職員数
			幼稚部	小学部	中学部	高等部	計		
盲学校		71	268	678	448	2,294	3,688	3,323	1,758
聾学校		104	1,263	2,210	1,279	1,792	6,544	4,908	1,836
養護学校	計	831	117	29,806	21,894	42,543	94,360	56,826	11,904
	知的障害	543	57	20,585	16,060	34,751	71,453	38,288	7,801
	肢体不自由	197	59	7,811	4,455	6,392	18,717	14,940	3,381
	病弱	91	1	1,410	1,379	1,400	4,190	3,598	722
総 計		1,006	1,648	32,694	23,621	46,629	104,592	65,057	15,498

（出所）文部科学省HP。

表2-2 特別支援学級の現状（国・公・私立計）（2006年5月1日現在）

区 分	小学校		中学校		合 計	
	学級数（学級）	児童数（人）	学級数（学級）	生徒数（人）	学級数（学級）	児童生徒数（人）
知的障害	13,363	42,085	6,512	21,153	19,875	63,238
肢体不自由	1,737	3,024	576	893	2,313	3,917
病弱・虚弱（院内学級を含む（注1））	669	1,279	282	449	951	1,728
弱 視	196	252	60	83	256	335
難 聴	447	822	213	354	660	1,176
言語障害	335	1,150	52	71	387	1,221
情緒障害	8,247	24,539	3,257	8,390	11,504	32,929
総 計	24,994	73,151	10,952	31,393	35,946	104,544

（注1）院内学級とは、学校教育法第75条の3の規定「前項に掲げる学校は、疾病により療養中の児童及び生徒に対して、特別支援学級を設け、又は教員を派遣して、教育を行うことができる。」に基づいて病院内に設置される病弱・身体虚弱の特殊学級をいう。
（出所）文部科学省HP。

います。小学校と中学校をあわせると、在籍者の60.4％が知的障害で、ついで、31.4％が情緒障害となっており、両者で9割以上を占めています。2006年5月現在で、小学校7万3,151人、中学校3万1,393人の合計10万4,544人となっています。

特別支援学級の学級数・在籍者数はともに毎年増加しており、特に、情緒障

害の特別支援学級が急増しています。学級編制の基準は，1学級8人以下となっていますが，1学級あたりの平均は2.91人であり，全体としては小規模になっています。

　特別支援学級では在籍児童生徒の指導に加えて，通常の学級や他校との交流，通常の学級に在籍する軽度発達障害児への指導等の取り組みも実施しています。この学級にはすべての時間を特別支援学級で教育を受ける必要のある児童生徒がいる一方，かなりの時間を通常の学級との交流教育という形で過ごすことが可能な児童生徒もみられ，その実態は地域によって偏りがあるのが実情です。

　なお，学校教育法上は高等学校においても特別支援学級を設置することが可能ですが，一部の私立学校等を除いては，特別支援学級の設置は進んでいないと言えます。

(3) 通級による指導

　通級による指導は，小・中学校の通常の学級に在籍している障害の軽い児童生徒が，ほとんどの授業を通常の学級で受けながら，障害の状態等に応じた特別の指導を特別な場（通級指導教室）で受ける指導形態であります。

　2006年の「学校教育法施行規則の一部を改正する省令」により，情緒障害者を自閉症者と情緒障害者に分け，及び学習障害者と注意欠陥多動性障害者が加えられました。よって表2-3のように9つに区分されるようになりました。この表2-3からわかるように，小・中学校あわせると言語障害が全体の71.7％を占め，次いで，自閉症9.4％，情緒障害7.0％となっています。新たに対象となった学習障害については3.3％，注意欠陥多動性障害については3.9％となっており，今後増加することが予想されます。さらに，小学校では全体の95.9％が占めるのに対して中学校ではわずか4.1％となっているにすぎません。また，自校通級が35.5％であるのに対して他校通級が61.7％とけっこう開きがあるのも特徴となっています。

　2006年の「学校教育法施行規則第73条の21第1項の規定による特別の教育課程について定める件の一部を改正する件」（平成18年文部科学省告示第54

表2-3 通級による指導の現状（2006年5月1日現在）

区分	小学校				中学校				合計			
	計(人)	自校通級(人)	他校通級(人)	巡回指導(人)	計(人)	自校通級(人)	他校通級(人)	巡回指導(人)	計(人)	自校通級(人)	他校通級(人)	巡回指導(人)
言語障害	29,527	10,885	17,978	664	186	51	115	20	29,713 71.7%	10,936	18,093	684
自閉症	3,562	949	2,537	76	350	98	239	13	3,912 9.4%	1,047	2,776	89
情緒障害	2,365	779	1,553	33	533	176	350	7	2,898 7.0%	955	1,903	40
弱視	128	15	100	13	10	2	8	0	138 0.3%	17	108	13
難聴	1,495	248	1,105	142	282	70	165	47	1,777 4.3%	318	1,270	189
学習障害	1,195	682	459	54	156	79	64	13	1,351 3.3%	761	523	67
注意欠陥多動性障害	1,471	625	807	39	160	63	88	9	1,631 3.9%	688	895	48
肢体不自由	5	5	0	0	1	1	0	0	6 0.01%	6	0	0
病弱・身体虚弱	16	3	11	2	6	1	5	0	22 0.05%	4	16	2
計	39,764 95.9%	14,191	24,550	1,023	1,684 4.1%	541	1,034	109	41,448 100.0%	14,732 35.5%	25,584 61.7%	1,132 2.7%

（出所）文部科学省HP。

号）において，指導内容が自立活動と教科指導の補充を併せて年間35単位時間から280単位時間とされ，加えて，学習障害者や注意欠陥多動性障害者については，年間10単位時間から280単位時間が標準とされ下限が引き下げられ，月1単位時間程度の指導も可能となり，教育的効果が期待されています。

通級による指導は1993年に制度化され，今日まで対象数はかなり増加しており，2006年現在では4万1,448人となっておりそのニーズは高いものです。

(4) 小・中学校での教育

文部科学省は，2003年度から小・中学校の通常の学級に在籍する学習障害児等への支援を図るために「特別支援教育推進体制モデル事業」を実施し，通常の学校での特別支援教育の充実を開始しています。2004年には「小・中学校におけるLD，ADHD，高機能自閉症の児童生徒への教育支援体制の整備の

Ⅱ　学齢期における障害のある子ども支援

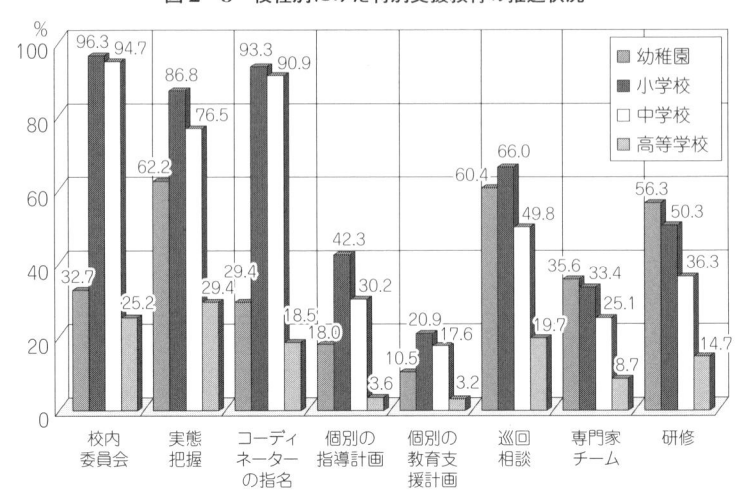

図2-3　校種別にみた特別支援教育の推進状況

（幼稚園／小学校／中学校／高等学校）

項目	幼稚園	小学校	中学校	高等学校
校内委員会	32.7	96.3	94.7	25.2
実態把握	62.2	86.8	76.5	29.4
コーディネーターの指名	29.4	93.3	90.9	18.5
個別の指導計画	18.0	42.3	30.2	3.6
個別の教育支援計画	10.5	20.9	17.6	3.2
巡回相談	60.4	66.0	49.8	19.7
専門家チーム	35.6	33.4	25.1	8.7
研修	56.3	50.3	36.3	14.7

ためのガイドライン（試案）」を公表しています。さらに，2006年10月に行った調査の「平成18年度幼稚園，小学校，中学校，高等学校等におけるLD，ADHD，高機能自閉症等のある幼児児童生徒への教育支援体制整備状況調査結果について」を出しています。その結果は図2-3のようになっていて次のようにまとめています。

「①全体として体制整備が進んでいる。②小・中学校については，校内委員会の設置，特別支援教育コーディネーターの指名は9割以上で，実態把握は約8割の学校で実施されている。巡回相談員の活用は約5-6割，個別の指導計画の作成は約3-4割，個別の教育支援計画の作成は約2割で実施されている。③幼稚園・高等学校については，小・中学校と比較すると，全体として体制整備が遅れており，地域による取組の差が大きく，さらなる体制整備が必要である。⑤特別支援教育に関する研修状況については，全体で約4割の実施率である。」

また，特筆できることとして2007年より発達障害を含む様々な障害のある児童生徒に対する学校生活上の介助や学習活動上の支援等を行う「特別支援教育支援員」の計画的配置がなされるようになりました。その配置に要する経費

第 2 章　障害児教育の現状

表 2-4　小・中学校における特別支援教育支援員の活用状況

	都道府県	活用人数			公立小中学校設置数（20 年 5 月 1 日）
		平成 18 年 5 月 1 日時点	平成 19 年 7 月 1 日時点	平成 20 年 5 月 1 日時点	
1	北海道	404	588	819	1,967
2	青森県	116	128	187	535
3	岩手県	126	161	252	613
4	宮城県	242	294	331	672
5	秋田県	194	245	295	397
6	山形県	87	115	182	471
7	福島県	181	239	292	770
8	茨城県	373	452	731	804
9	栃木県	513	555	581	576
10	群馬県	344	396	531	516
11	埼玉県	971	1,096	1,186	1,249
12	千葉県	762	1,048	1,080	1,235
13	東京都	2,145	2,818	2,629	1,947
14	神奈川県	1,603	1,977	1,838	1,278
15	新潟県	878	959	1,007	795
16	富山県	40	115	223	289
17	石川県	79	133	169	332
18	福井県	170	197	219	294
19	山梨県	133	146	198	310
20	長野県	299	336	494	585
21	岐阜県	397	647	705	574
22	静岡県	604	729	806	798
23	愛知県	506	712	953	1,399
24	三重県	635	760	809	605
25	滋賀県	157	209	292	335
26	京都府	165	331	340	611
27	大阪府	1,300	1,468	1,950	1,488
28	兵庫県	1,421	1,597	1,494	1,175
29	奈良県	106	229	269	324
30	和歌山県	91	99	151	433
31	鳥取県	43	51	69	222
32	島根県	207	232	262	356

33	岡山県	473	510	576	593
34	広島県	708	753	784	831
35	山口県	228	283	368	525
36	徳島県	67	159	196	364
37	香川県	54	72	145	278
38	愛媛県	243	257	303	500
39	高知県	36	36	125	426
40	福岡県	350	386	526	1,115
41	佐賀県	89	122	181	288
42	長崎県	164	179	280	597
43	熊本県	161	236	345	628
44	大分県	81	103	226	488
45	宮崎県	69	100	159	410
46	鹿児島県	26	31	196	865
47	沖縄県	159	197	338	438
	合計	18,200	22,486	26,092	32,301

(出所)文部科学省HP。

については,市町村費において小中学校数に応じた地方財政措置が講じられています。措置額は2007年度の約250億円から2008年度の約360億円に,特別支援教育支援員数は2007年度の2万1,000人から2008年度の3万人になっています。表2-4が都道府県別の特別支援教育支援員の3年間の推移を示したものです。

参考文献

東京学芸大学特別支援科学講座(2007)『インクルージョン時代の障害理解と生涯発達支援』日本文化科学社.

日本発達障害福祉連盟(2008)『発達障害白書2009年版』日本文化科学社.

安藤隆男・中村満紀男(2009)『特別支援教育を創造するための教育学』明石書店.

文部科学省ホームページ「特別支援教育」.

(小川英彦)

第3章

障害児教育の内容

　この章では，はじめに新しく実施された特別支援教育の理念を述べることにします。次に，ここでは学校教育では日々行われています授業にウェイトを置いて，教育課程づくり，授業づくりについて述べることにしました。さらに，幼児期から青年期までという特別支援教育理念の下で，障害児保育，小学校の特別支援学級，特別支援学校の中学部については別の章でふれているのでここでは特別支援学校の高等部を対象にして青年期教育の教育内容づくりを取り上げてみました。

1　特別支援教育の理念

　文部科学省は，2007年4月に「特別支援教育の推進について（通知）」の中で，特別支援教育の理念を打ち出しています。

　前章で指摘したようにこの通知が示す理念は端的には，①幼児から青年期までのライフステージの視点に立ち，特別な教育的ニーズに立脚した支援を行うこと。②新たな対象と教育の場を加えること。③今後に期待されるインクルージョンの考えにあります。

　①　に関しては，それぞれのライフステージでの最善の利益を保障するためにステージ間の移行をスムーズにすること，幼小の連携をすることにあります。ここには，保育所・幼稚園・通園施設と学校の機関のつながりを今後は強めていこうとする発想が読み取れます。換言すれば，地域における専門性の発揮，教育と福祉の結びつきといったことになります。

　②　に関しては，これまでの対象児に加えて，軽度発達障害児も対象にしていくこと，これら知的障害のない子どもが在籍する通常学校・通常学級におい

ても教育を行うことになります。

　③　に関しては，サラマンカ宣言（1994年）で主張されているように，すべての子どもがユニークな性格，興味，能力と学習ニーズをもっていて，通常学校の改革により，差別的態度と闘い，望ましい地域を創造し，インクルージョン社会を形成し，すべての者のための教育を実現する最も有効な手段になります。

2　教育課程づくり

　学校教育は憲法の理念や教育基本法・学校教育法の示す教育の目的を達成するために，計画的に行われる教育です。障害児に対する教育は，諸能力の発達と人格の形成をめざすという，健常児と共通の目的をもつと同時に，障害があるゆえに生活上や学習上の制約の軽減・克服をめざすという独自の課題をあわせもつ教育です。

　障害児教育における教育課程の枠組みは学習指導要領にもとづきますが，「特別な配慮」の可能性が確保されているがゆえに，実際の指導場面では状況に応じて柔軟に対応しているのが実情であります。つまり，先述の教育の目的を達成するという立場から，子どもの障害・発達・生活にしっかりと視点をあてて，教育課程づくりをしていくことになるわけです。

　『盲学校，聾学校及び養護学校小学部・中学部学習指導要領』（1999年3月）の第2節教育課程の編成の第1一般方針によれば，「障害の状態及び発達段階や特性等並びに地域や学校の実態を十分考慮して，適切な教育課程を編成する」と示されているように，ひとつは子どもの教育的ニーズの視点と，もうひとつは地域の視点から教育課程づくりが行われなければならないのです。これは，子どもたちの生活の場である地域との連携を深めることによって，子どもたちの教育的ニーズを的確に反映させ，さらに発展させていくための授業づくりが可能となるからです。今日的には，特別支援教育の理念の中にも示されていますが，このふたつの視点が大いに検討され教育課程が編成される必要があるのです。

今，障害児の発達保障を考えると，生活に生かされる，地域に根ざした支援がいかに重要であるかということになります。そして，地域の実情に合わせて柔軟にきめ細かい指導を行っていくためには，幼児期からライフステージにわたって地域の中で子どもが育つ環境を整備して必要があります。WHO（世界保健機関）は障害を理解する上で ICF というモデル図を打ち出しています。そこでも障害を個人に還元するのではなく，社会との関係の中で，環境因子との関わりでとらえていくことが力説されています。こうした時代の要請の中で，障害の有無に関わらない最大限に統合された環境が用意されるべきであって，障害児の教育課程はそうした中で展開されるべく検討が進められなければならない時代になってきているのではないでしょうか。

3　授業づくり

（1）授業づくりの意義

　授業とは，ある一定の時間に，特定の目標にもとづいて子どもの身体や認識に働きかけてひとまとまりの活動を起こし，それによって目標として掲げたものを子どもの力量として身につけさせる営為ととらえることができるのではないでしょうか。よく「授業は教師の生命である」といわれることがあります。このことは，学校における最も大切な教育実践の場が授業であって，その教育実践者たる教師の力量が授業の中で問われていると理解できます。さらに，「よりよい授業にしたい」という願いは，教師にとって根本的であり永遠の願いでもありましょう。今，授業の本質について考えてみますと，授業が教師の計画性，指導性をもった系統的な営みであることから，価値創造の営みととらえることができます。言い換えれば，教師は毎日授業をつくっていく，創造していくことになります。こうした点から授業づくりをとらえたいものです。
　筆者が授業をとらえる観点は，教授学的視点です。ここでは，教師の指導性を重視しながら，一面的に知識のつめこみをするのではなく，授業過程における子どもの意欲や安心といった内面を大切にしていくことになります。子どもを学校生活の主人公として位置づけ，能動的，主体的な学ぶ姿勢を大切にしよ

うとします。また，学校や学級の集団の中で，子ども―子ども，教師―子どもといった関係づくりをしていくことになります。学習活動の集団的（共同的）性格を考えてみようとします。

　総じて，授業づくりを通して，学校や学級の中に子どもの意欲的で主体的な生活を保障し，創造していくことになります。さらに，仲間や先生との関わりを通して，自分が表現したことや達成したことを確かめながら，文化的価値を習得することになります。

　さて，授業づくりの視点として次の点を押さえておきたいものです。第一に，学力をつけさせる授業を計画するという点です。子どもが今もっている力を学習の場面で試したりしてじっくり太らせ，今もっているよりも少し高い学習の力を発揮できるようにし，力をより豊かにすることに力点を置いた授業づくりが求められます。第二に，授業過程を構想するという点です。たとえば，授業の場面展開（導入・ヤマ場・終結）を構想する，言葉かけに代表されるように教授行為を構想する，子どもの反応を予想する，集団指導や個別指導の組み合わせといった指導形態を構想するという点です。

（２）授業の過程

　授業づくりでは授業の過程を重んじることを述べましたが，ここでは図３－１のように仮説として授業を構成する要素をあげてみます。それは，①子ども理解（障害・発達・生活からとらえる視点，意欲，態度など），②教育目標の設定（本時の目標，個人の目標など），③授業準備（課題の設定，教材・教具の選定，授業の場面展開の構想，学習指導案の作成など），④授業実施（子ども―子どもや子ども―教師の相互作用，教材・教具の提示，授業の雰囲気，教師の言葉かけ，学習指導の形態など），⑤授業評価（学習の成果，目標の達成，設計の吟味と修正など）となります。これは，①②③を設計に，④を実施に，⑤を総括に置き換えることもできます。すなわち，ここからは，授業は設計→実施→総括→再設計というサイクルでつくり出されていくものと理解できるのです。先に授業づくりととらえた理由もここにあります。

　ここで注意したいのは，授業は指導と評価とは表裏一体の関係にあること，

第3章　障害児教育の内容

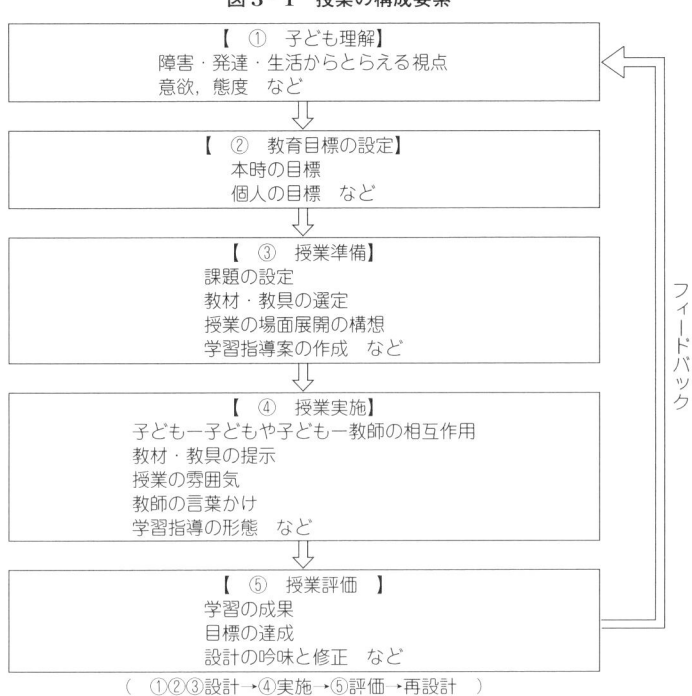

図3-1　授業の構成要素

```
┌─────────────────────────────────────┐
│　　　　【①　子ども理解】　　　　　　│
│　　障害・発達・生活からとらえる視点　│
│　　意欲，態度　など　　　　　　　　　│
└─────────────────┬───────────────────┘
　　　　　　　　　　↓
┌─────────────────────────────────────┐
│　　　　【②　教育目標の設定】　　　　│
│　　本時の目標　　　　　　　　　　　　│
│　　個人の目標　など　　　　　　　　　│
└─────────────────┬───────────────────┘
　　　　　　　　　　↓
┌─────────────────────────────────────┐
│　　　　【③　授業準備】　　　　　　　│
│　　課題の設定　　　　　　　　　　　　│
│　　教材・教具の選定　　　　　　　　　│
│　　授業の場面展開の構想　　　　　　　│
│　　学習指導案の作成　など　　　　　　│
└─────────────────┬───────────────────┘
　　　　　　　　　　↓
┌─────────────────────────────────────┐
│　　　　【④　授業実施】　　　　　　　│
│　　子ども―子どもや子ども―教師の相互作用│
│　　教材・教具の提示　　　　　　　　　│
│　　授業の雰囲気　　　　　　　　　　　│
│　　教師の言葉かけ　　　　　　　　　　│
│　　学習指導の形態　など　　　　　　　│
└─────────────────┬───────────────────┘
　　　　　　　　　　↓
┌─────────────────────────────────────┐
│　　　　【⑤　授業評価】　　　　　　　│
│　　学習の成果　　　　　　　　　　　　│
│　　目標の達成　　　　　　　　　　　　│
│　　設計の吟味と修正　など　　　　　　│
└─────────────────────────────────────┘
```
（フィードバック：⑤から①へ）

（①②③設計→④実施→⑤評価→再設計）

そして，評価したことがフィードバックされて次への指導の手がかりになることがあるという点です。授業では，一定の教育目標の達成をめざして，学習指導案が作成されます。その次にこの学習指導案にもとづいて実際の指導が進められることになります。そして，その成果は一定の時間・時期に評価され，評価された事項については次に行われる指導の糸口になるわけです。このように連続的な循環関係を指導―評価過程に見出すことができるのです。

　もちろん授業を構成する3つの要因は一般的にこれまでの教育学で言及されてきた子ども，教師，教材・教具（障害児教育では教材と教具を区別せず広義に教材・教具ととらえる）を考えます。ここでは，これら3者の関係性も視野に入れながらですが，授業が展開していく順序に従って，大項目として①～⑤の5つの構成要素を考え，それぞれにおいて小項目としていくつかの具体的要素をあげて示すことにしました（図3-1）。

（3）授業の構成要素①：子ども理解

　障害のある子どもを理解するためには，次の3つの視点が大切であると，これまでの障害児教育実践の蓄積の中で認められています。第一に，障害の視点です。これは，障害の種類や程度を見極めることになり，それぞれの障害の特徴をおさえることになります。第二に，発達の視点です。これは，発達の可能性に依拠することはもちろんですが，知的障害の場合は，どこの発達の質的転換期（かべ）でつまずいているのかをとらえることになります。今の発達の段階はどこにあるのか，次の発達の段階はどこなのかという考えです。第三は，生活の視点です。これは，その子がこれまでにどのような生活を送ってきたのか，今どのような生活を送っているのかを見ることになります。つまり，生育歴や生活経験，家庭・園や学校・地域といった生活の拠点をつなげてみるということになります。

　特に，この3つの視点は相互に関連しつつ，子どもは諸能力を獲得していくことに注意しなければならないと思われます。たとえば，自閉症という障害の診断基準のひとつにこだわりがありますが，遊びが広がる中で，安心できる人や場を得る中で，すなわち対人関係が広まることで感情の表現や言葉の育ちが確かめられ，こだわりが軽減する変容過程が実践を通して確かめることができます。換言すれば，障害と発達の相互作用，気になる問題行動は，ある力が育ってくることで変化・軽減がなされるといったものです。また，たとえどんなに障害が重くとも，その子どもの発達はその全生活の中で育まれていくものであることも確認されています。その発達が能動的な達成となるためには，まずは，子どもが生活の主体であることを確かめ，それにふさわしい生活が組織される必要があります。

　次に，授業を展開する上での実態把握についてです。この実態把握の子ども理解こそが授業の進行に大きく左右すると言ってもいいと思われます。その意味では授業の基底部をなすと言っても過言ではありません。授業づくりでは，教師が子どもに働きかけて得られる子どもの反応，動的な子ども理解を大切にしたいものです。子どもの実態把握は固定的にするのではなく，新たな諸能力を授業で獲得しているという変容していく子どもの実態を重要視することにな

ります。この実態把握が硬直的になることは，授業のありきたり・押しつけにもなりかねないことを意味します。

　ここでは，実際に指導する学習内容に対して子どもが取り組む姿勢を見て，指導のための実態把握を行うことにもなります。さらに，「できる・できない」といった側面を浮き彫りにするに終始するのではなく，意欲・関心や態度といった内面や主体的に行おうとする行動を見つけ出すことにもなります。以上のように，授業展開を通して，変容した子ども像をとらえることによって，次に授業づくりに生かされてくるという，フィードバック機能こそが働いている点を見のがしたくはありません。

(4) 授業の構成要素②：教育目標の設定

　障害児教育の授業においは，通常の教育と同様に学習指導案には本時の目標が掲げられますが，他方，子ども一人ひとりの個人の目標が明記される点に独自性があります。この後者の目標こそ障害児教育の生命線のような感じが与えられるのではないでしょうか。

　先述した動的な子ども理解からして，もう少しで自ら獲得できるような目標を設定することが大切となってくると考えられます。子どもを指導する場面では，自力でできる，全面支援を必要とする，少しの支援を必要とするといった見極めが教師には求められることが多々あります。ここには，ヴィゴツキー(Vigotskii,L.S.)の「発達の最近接領域（最近接発達の領域理論）」が理論と実践のかけ橋として参考になるものと思われます。この理論では，子どもの発達水準を問題にするわけですが，ひとつは，他人から援助を受けることなくその課題を自分の力で解決できる水準があり，もうひとつは，他人が援助し協力したときにできる水準かあって，この２つの水準の間をみようとするものです。近いうちに独力でできるようになるといった水準であり，この目標に到達した時にこそ子どもの成就感・達成感を授業で見ることになります。

　さて，特別支援教育が広がる中で，個別の指導計画を行う学校が出てきたのも昨今の特徴でありますのでここではこの点にふれておきます。個別の指導計画とは，子ども一人ひとりに則して，指導の目標，活動や内容の方法及び対応

の方法が示されている実践上の計画，あるいは個に応じた指導のため個々に立てられたある期間の教育計画です。目標の設定にあたっては，前担任や保護者はもちろんのこと，保育所，幼稚園や通園施設といった移行の際の情報，医療機関や福祉機関といった地域からの情報を収集して整理することになります。その時，長期的な観点に立った指導目標と当面の具体的課題としての短期的な目標が必要となります。この個別の指導計画での個人別の目標が，学習指導案の個々の目標欄に明示されたり，単元や本時の目標という記載欄で整理されたりしていくことが欠かせないのではないでしょうか。つまり，大切なのは個別の指導計画が実際の授業の中でいかに活用されるかといった，授業との関連が明確にされて位置づけられることです。個別の指導計画に立てられた短期目標が，具体化され授業の設計に掲げられないと，子どものニーズに合った，生活に生かされる学習活動にはなりにくいことにもなります。個が生かされる授業づくりを求めたいものです。

（5）授業の構成要素③：授業準備

　まずは，教材・教具の選定について見てみます。教材・教具は，子どもが文化的価値を効率的に習得したり，子どもの心身の発達をねらいとして教育目標を具体的事物と結びつけたりするために使用されるものです。別の言い方をすれば，教材・教具の選定の基本的な視点は教育内容に対応していることを前提として，第一に子どもの発達段階に的確に即応していること，第二に子どもの生活に即したり，地域に根ざしたりしていることです。

　発達段階に応じてとは，一般的には，感覚に働きかけるものから，素材，道具を基礎として，だんだんとイメージの展開と子ども集団の共同性を高めるものへと発展していくと考えられます。生活や地域に応じてとは，生活年齢や地域で生きていく文化づくりをふまえること，生活課題を教材・教具づくりの過程で，わかりやすく伝えることが重要になってくると考えられます。

　適切な指導計画にもとづく教材・教具づくりこそが，障害児教育の中心的課題となるとも言えそうです。それは図3-1に示した授業の構成要素④である授業実施の展開においては，教師が教材・教具づくりの過程でイメージしたも

のの再現ということになるからです。

　次に，授業の場面展開の構想について見てみます。これは，第一に，「わかる」授業を錬るということです。「わかる」授業とは，子どもたちが学習の流れや教材・教具の世界を感じとり，理解し，自分を表現し，学ぶことの楽しさを体験し，経験する授業です。特に，知的障害児教育においては，原理的にわかることと実体的にわかることといったこの2つの対応関係が，子どもの中で往復できるような指導を考える必要がポイントとなってきます。「生活で学んだことを授業で見直す」「授業で学んだことを生活に返す」ことで，生活と教育を結びつけることが可能となるわけです。ヴィゴツキーの主張する生活的概念と科学的概念がつながってくることで，学力がより確かに定着することにもなると言えそうです。「わかる」ということは生活のための実際的な力と関わっていることが，改めて問われるのではないでしょうか。

　第二に，授業は教師の教授行為（教えること）と，子どもの主体的な活動（学ぶこと）の接点で展開されていきます。子どもの自由な活動を見守るのではなく，教材・教具に立ち向かう主体的な活動をひきだす働きかけを構想することが授業準備の段階では大切となってきます。学習指導案を作成する場合には不可欠な点となります。学習指導案では時間の経過とともに導入からヤマ場へ，そして終結へという展開を構想していくことになります。ここでは子どもの反応をかなり予想して作成するわけですが，実際の授業を行っている最中では，時には予期しなかった，思いもかけなかった子どもの反応がおこることがあります。しかし，ここに子どもの新たな発達していく芽を見出すこと（子どもの発見）になるのではないでしょうか。授業は子どもの抵抗を前提にして初めて成立するという言われ方もします。子どもからの抵抗に対して，授業展開をどのように軌道修正していくのかを大切にすることが教師のさらなる力量にもはねかえってくると思われます。

（6）授業の構成要素④：授業実施

　授業の流れの中では子どもの抵抗という面があると指摘しましたが，授業が実施されている過程は，授業それ自体が動的に絶えず運動しているととらえる

ことができます。それは，教えることと学ぶこととの間に生ずる矛盾とその統一の仕方に授業過程の基本的性格を据えようとするからです。教師が教材・教具を与え，子どもがそれを受け取るという伝達・注入主義的な授業観ではなく，子どもの教材・教具に能動的に立ち向かう活動こそを大切にしたいものです。

　ここには，人為的な行為，主体的な学習行為を呼び起こす過程を見ることになります。一定の学習内容を能動的活動の中で習得するのか，あるいはただ受動的に与えられるかでは獲得する学力・人格の形成の質は異なってくるというように，それを左右するのは授業の方法であると考えられます。

　授業が展開されている中では，子どもが考えるという場面をみたいものです。たとえば，「容器に水を半分入れる」という課題を出す場合に，子ども自らが適量か否かを判断するために，適量位置にラインを示しておく，見本をみせるなどの子どもが「こうなのかな」と考えるような手立てを配慮していくことです。

　ところで，授業の中での子ども－子ども，教師－子どもの相互作用について，ここでは教師の言葉かけと学習指導の形態から考えてみます。教師の言葉かけとしては，①子どもの反応を動作化していく，②子どもの生活経験を契機に発言を促していく，③選択的に答えられるように発問していく，④子どもの能力を考慮した上での発問をしていく，⑤ひとりの子どもの反応を契機に集団に問いかけるといった点が有効であるといわれます。①②③については，子どもは教師の言語刺激だけによる授業からは教材・教具に込められたイメージを充分に吸収し定着させられないのです。言語に加えて動作化していくことにより，視覚や身体の動きを通じて体験的によりいっそう鮮明にイメージ化できると考えられます。そして，発問を明確・簡潔に工夫することで子どもの反応を引き出し，授業をダイナミックに展開することができます。④⑤については，一人ひとりに配慮した授業展開がなされるかが課題となりましょう。この個への配慮を個別指導ととらえるなら，個別指導を内包しつつ，個別指導から集団指導へ，集団指導から個別指導へと展開していく決断力や判断力（タクト）が授業を進める教師に求められることになります。障害児教育においては少人数

での授業になることが多いので，個人的・集団的作用のもつ意味は大きいと言えるでしょう。少人数であっても集団指導を通じて形成され得る連帯感・意思疎通の面での深まりが子どもの能力や人格形成に波及効果を及ぼすことを軽視するわけにはいきません。集団の雰囲気・トーン・リズム，集団のうず，集団構成員間の交わり，集団のもつ生活ストーリー（日課・流れ），目的の共有と行動の統一，集団のモラルといった集団の教育力を授業展開では大いに利用したいものです。

　この個別指導と集団指導が適切に，しかも有機的に連携をもって組み合わされて授業が展開されていくことがポイントとなりますが，ここで欠かせないのがティームティーチング（TT）でもあります。TTは，お互いの補完性に最大の長所があるわけですが，メインティーチャーとサブティーチャーの役割が明確にされ，サブティーチャーは単に介助者ではなく，メインティーチャーの思いを敏感に感じながら動き，引き立たせる役目，補佐の役目をすることが肝要となってきます。

　また，授業展開における教師の役割をふまえるなら，授業の展開には型があることにふれておきます。それは，教師が演示したり，実物を提示したり，説明したりすることで子どもを教材・教具に出会わせる提示的授業方法，学習課題のもとに，指示・助言によって自主的な作業や実験をさせる課題解決的授業方法，教師と子ども，子ども相互の問答を展開し，その中で教材・教具を習得させる問答的授業方法です。同一の授業ではこれらの型が組み合わせて使用されることになるわけです。

（7）授業の構成要素⑤：授業評価

　評価は，実に多くの場面で教師によってなされています。テストや通知表はもとより，赤ペンや言葉かけなどによる評価があります。しかし，こうした評価が子どもを選別することに使われるのは疑問視せざるを得ません。

　指導と評価の一体化とは，評価の教育に占める役割を重視しつつ，それを最大限，教育や指導に生かしていく取り組みを表します。つまり，評価の結果を次の指導に生かしていくという意味での関連です。

図3-1の授業の構成要素に応じて，評価は学習が開始するまでの段階（設計）での診断的評価，学習を進め展開しつつある段階（実施）での形成的評価，学習が終了した段階（総括）での総括的評価に区別されます。従来の評価がどうしても総括的評価に終始していたことの反省の上にたって，診断的評価と形成的評価といった面も重視したいものです。ここでは，評価を教育活動の最後だけでなく，途中で行うことによって，今までの，これからの指導の点検，修正をしていくことになります。評価に指導へのフィードバック機能をもたせることになります。

以上，評価はまさしく授業づくりはもちろんのこと，教育課程づくりにも寄与していくことになります。

4　青年期教育における教育内容づくり

（1）青年期知的障害者の特質

この時期への実践的な着目については，戦後の障害者福祉に開拓的役割を果たしたかの近江学園を創設した糸賀一雄（1914-68年）の主張に端的に表現されています。それは，「社会的，教育的なひとつの節は，義務教育を修了する時期ではないかと思う。15歳ないし16歳という年齢は，なんらかのかたちで実社会に直結する年齢でもあり，社会的な雰囲気を肌に感ずる年齢である。意識的にはまだ未分化であっても，分化しようとするレディネスが促される状態である」としています。ここからは，思春期や青年期のもつ独自の教育的，心理的な意味を教育内容に盛りこむことへの必要さが読みとれるのではないでしょうか。

また，発達心理学研究において，たとえば，発達の階層―段階理論を提起した田中昌人（1932-2005年）は，「青年期における階層間の移行をなしとげる力は，思春期に生まれる」と論述しています。ここには，青年期における人格発達の原動力としての思春期の役目が強調されています。

ここでは，この糸賀と田中の卓越した実践や理論からの成果に学びながら，青年期知的障害者の特質を，自立に向けての諸能力を培う準備期であること，

自他の交流を通しての自我形成，他人に気づき自分を表現する，すなわち社会的存在として個を自覚したり確立したりする時期であると考えます。たとえ知的に障害があろうと，思春期を経て青年期まで生きてきたという生活年齢の重みはあり，その生活を送るにあたってのニーズはその教育を進める際には大いに大切にされるべきであります。これまでの障害児を理解する視点では，障害・発達・生活の3つが重要視されてきた歴史的経緯がありますが，こと思春期青年期ではこの3つ目の生活の面で比重をかけてとらえてもよいのではないでしょうか。

（2）青年期教育としての指導の目標

　青年期教育における教育内容の吟味をするにあたって，まずは目標論についての検討がされる必要があると思われます。

　戦後の知的障害教育内容の変遷をみますと，「特殊教育」の名のもとに，知的機能（IQ）が平均より低いという特性から，教育課程の柱に「作業学習」が設定され，この学習を通して黙々と働く，いわれたことにただ従うという態度の育成に一貫して力が注がれてきたという歴史の経緯を見ることができます。この「作業学習」では，教師の主導的な進め方がなされ，他律的に繰り返すという方法が全面に出されたために，自己判断や自己決定する，自ら考えるといった子どもの主体的な活動がかなり少なくなるという結果を指導場面では招くことになっていました。しかし，こうした「作業学習」が今日でも支配的に教育の場ではなされているととらえられます。

　果たしてこうした態度育成が強調されるのが青年期知的障害者にふさわしい目標なのでしょうか。学校教育の機能という根本的な面を考慮すると，働くことが大前提であることから「作業学習」に教育課程の相当の時間をかけるという観点に先んじるのではなく，指導の質的な内容をもっと構造的に吟味し，どのような青年期を豊かに過ごし，成人期に向けていかなる人間に育てるのかという目標で検討がされるべきであると考えたいものです。

　すなわち，態度育成というのではなく，青年期からの特質からして，いっそう社会に目を向けられるようにすること（社会への自立），集団を通しての能

力・人格形成，人間関係の築きといった目標がもっと多く打ち出されるべきであると考えられます。卒業後に企業就労はいったんできたものの，職場の人間関係でうまくいかず，福祉就労に戻ってくるケースがあとを絶たないと聞きます。このような問題を解決するためにも，主体的に生活していくという面が取り入れられなければならないのです。

　さらに，学ぶという行為を通して，青年期を過ごすのにふさわしいもの，青年期を充実させるものでなければなりません。そのためには，発達という側面を重視して，青年期知的障害者の願いや生き方がどう教育内容に反映させるかという観点が不可欠になってくると思われます。また，自立に向けて当面培いたい能力を短期目標に，卒業後の進路やライフステージを見通した上で培いたい力を長期目標に，ここまで諸能力が獲得されてきたから次のステップへといったきめの細かい指導，すなわち，本人の到達点と課題点を加味した内容を工夫する必要が大切であると思われます。

(3) 自立への教育内容（基本的領域）

　先述の目標観に立って，青年期知的障害者の発達を保障する教育内容の基本的領域を試案として提示してみます（表3-1）。

　この特色は，①総合学習を中心にして労働や進路学習を設定すること（第1の領域），②周辺学習の教科学習を重視すること（第2の領域），③周辺学習の生活学習を位置づけること（第3の領域）で，これらの領域は相互に関連して，諸能力の獲得につながるととらえられます。

　第一の総合学習では，労働は青年期の中心的な活動（主導的な活動）とするものの，そのねらいには，労働の能力人格形成への寄与する点を重視したいものです。すなわち，幼児期や学齢期までの遊びや学習とは区別して，何らかの社会的有用という側面から社会的な自覚，目的意識といった発達を促す，目的実現に即した見通しや計画を構成する能力を必要とする，手やその他の身体的諸器官を結びつけて運動したり，道具を使いこなす技術を身につけたりする，集団として協力やコミュニケーションを要し促すといった点です。働く力の形成に関する領域です。

第二の教科学習では，体力増進や健康維持をベースに，各教科に応じた多面的な能力をテーマ学習や地域に根ざした学習の展開を通して丁寧に培うことになります。けっして知的機能が低いからとこの領域を軽視することがないようにしたいものです。学力の形成に関する領域です。

　第三の生活学習では，行事や自治的な活動において，生きがいや居場所を得ることができるように創造していくことが青年期知的障害者の生活をより豊かにして充実させていくと理解できます。これはQOLの向上でもあります。第1の領域の労働という枠との関連では，労働後の楽しい活動，レクリエーションといった活動の意義を見落とすことができないです。レクリエーションとは，本来，レ・クリエーションであり，再び創造する，再生するという意味があります。余暇時間の中での自己表現や自己実現という発達的意味を青年期というライフステージにおいてはもっと重視されてよいのではないでしょうか。生活する力の形成に関する領域です。

　進路保障をめぐっては，進路を切り開く力が問われることがよくあります。それは，意欲の問題，体力・健康の問題，基本的生活習慣と社会性の問題，基礎的能力の問題であるとこれまでのいくつかの実践をめぐって明らかにされています。それゆえに，総合学習を補完する周辺学習の各々の役割が発揮されなければならないと考えられます。

表3-1　青年期教育における教育内容（基本的領域）

第1の領域	総合学習	労働 進路学習（職場実習，進路選択など）
第2の領域	教科学習	各教科 （テーマ学習，地域に根ざした学習など）
第3の領域	生活学習	行事（レクリエーションなど） 自治的な活動（話し合いなど）

参考文献

小川英彦（2006）「青年期知的障害者の発達と指導援助内容―養護学校高等部教育の検討を通して―」全国児童養護問題研究会，全国児童相談研究会『日本の児童福祉』21.

Ⅱ　学齢期における障害のある子ども支援

高橋浩平・新井英靖・小川英彦・広瀬信雄・湯浅恭正（2007）『特別支援教育の子ども理解と授業づくり』黎明書房.

小川英彦・新井英靖・高橋浩平・広瀬信雄・湯浅恭正（2007）『特別支援教育の授業を組み立てよう』黎明書房.

湯浅恭正・新井英靖・小川英彦・高橋浩平・広瀬信雄（2008）『特別支援教育のカリキュラム開発力を養おう』黎明書房.

湯浅恭正（2008）『よくわかる特別支援教育』ミネルヴァ書房.

冨永光昭・平賀健太郎（2009）『特別支援教育の現状・課題・未来』ミネルヴァ書房.

（小川英彦）

第3章　障害児教育の内容

コラム3　個別指導計画をめぐって

　現在の障害児保育・教育においては,「特別なニーズをもつ子どもたち」が主張されるようになってきています。こうした子どもたちに対する見方や考え方の変化は法や制度の中でもとらえられています。たとえば,2004年には「発達障害者支援法」という法律が成立しました。ここでは,それぞれの障害特性やライフステージに応じた支援を国・自治体・国民の責務として法律が定められています。そして,2007年4月には特別支援教育が始まりましたが,そこでは幼稚園から高校まで「個別の指導計画」を作成し,移行をスムーズにすることで子どもたちの育つ環境を整えていく取り組みがなされています。

　個別の指導計画についての意義は,①最適な学習活動を明確にする,②一人ひとりに合った指導の工夫をしやすくなる,③ある期間の指導を個の視点から検討する,④教育が子ども,保護者,教師によって進められることです。また,個別の指導計画の手順は,一般的には,実態把握から始まり,目標(長期的な観点に立った指導目標と,当面の具体的課題としての短期的な目標)設定,指導計画の作成,指導実際,評価という順で進められます。現状では,さまざまな地域で格差はあるものの幼児期の個別の指導計画は試行錯誤の中で取り組まれています。たとえば園では,実際の保育と個別の指導計画をどのようにつなげていくか,対象となる子はどのような子であるか,園の中でどのように取り扱っていくかなどは個々の園が考えなくてはならない課題が多くあります。

　しかしながら,個別の指導計画の原点に戻ると,ライフステージにおいて子どもたちが継続的にニーズに合わせた対応を受けられることによって,スムーズな育ちが保障されることに重要な意味があるのです。どの段階においても子どもたちの発達上,生活上の状況を誰もが共通の理解をもち,環境を整えることが大切であることを考えると,個別の指導計画を作成する上の書式上の共通項目と共通理解が求められます。そこでは保育者が子どもをどのような角度から見ているのか,どのような育ちを必要としているのか,保育者の価値観を生かした項目こそ重要視されなければならないと考えます。子どもの行動や言動からどのような意味があるのかというより深い子ども理解を,個別の指導計画を用いて園全体で共通理解することで子どものニーズに合った環境が継続的に整えられると考えます。

　　　　　　　　　　　　　　　　　　(児玉れい子)

第4章

障害児教育の実際　I ──小学校の特別支援学級での取り組み

　小学校の特別支援学級に入ってくる子どもの多くは，なんとか身辺自立ができ，舌足らずながらも話ができます。次なる親の願いは，何といっても文字を読むことでしょう。平仮名文字が比較的容易に読めるようになる子どももいれば，そうでない子どももいます。ここでは後者にスポットを当て，生きる力，中でも平仮名文字の獲得をめざし，教材・教具を作り，工夫を凝らして取り組んだ，読むこと・書くことの指導のあり方について考察します。次に，学習場面に限らず，特別支援学級での子どもたちの生の姿をエピソード的に紹介します。成長発達を遂げている子どもの姿は無論のこと，教師の共感的な関わり，持続的な取り組みも記します。

1　聞くこと・読むことの指導

（1）音当て遊び

　言語理解に向けた導入期の指導の一つとして「聞く」ことを取り上げる必要があるでしょう。特に低学年の子どもは，まだ，音そのものへ注意深く関心を寄せる習慣や習性をもちません。そこで，動物の鳴き声や乗り物の音当て遊びや身近な楽器の音を正しく聞き取る遊びを通して，音そのものへ関心をもち，注意深く聞く習慣を確立することをねらいに「音当て遊び」を実施しました。
　方法は以下の通りです。
　① 　音を表す絵カード（B5判サイズ程度）を黒板に並べる。
　② 　子どもは黒板の前に立ちカセットテープレコーダーから聞こえる音を聞き，絵カードを選び取る。
　学習の様子は，次のようでした。音を聞くことは楽しいことのようで，自然

と笑みがもれていました。音が鳴ると指差しをして，先生の方を振り返りカードを取る子。にこにこ笑って「赤ちゃん」と一声発して取りにいく子。踏切の音では「ガタンゴトン，ガタンゴトン」と，救急車では「ピーポー，ピーポー」といいながら，取りにいく子。その場でジャンプをしながら，喜びを表現する子もいました。音はこの他に，犬，猫，風呂場，台所，電話，消防自動車等があります。締めくくりに「アンパンマンのマーチ」の曲が流れると，にこにこ顔でアンパンマンの絵カードを取り，手をたたき，踊り，大きな声で一緒になって歌っていました。楽しい学習ができ，教師と子どもが一体感を味わうことのできた学習でした。

その後も朝の会で「こくご」のカードを貼ると，子どもが「なんのおと」と書き加えるなど，子どもの大好きな学習の一つになりました。「なんのおと」とは，カセットテープレコーダーから音を出す前に子どもの注意を引きつけるために歌った，呼び出しの歌で，次のような歌詞です。「♪なんのおと　なんのおと　きこえてくるのは　なんのおと　みんなでみんなで　あてましょう♪」

楽器の音当て遊びの方法は①同じ楽器を2種類用意して，衝立の前と後ろに置きました。②教師が衝立の後ろで楽器を鳴らし，子どもに同じ楽器を選び取らせます。

学習の様子は，次のようでした。当初，衝立の後ろから聞こえてくる音に興味があって，衝立の後ろをのぞこうとする素振りが見られました。次に，自分の鳴らしたい楽器を手にする傾向が見られたので，まずは自由に楽器に触れさせました。そうしたところ，間違えずに楽器を選び取ることができ，またある子どもは，初めは全くできませんでしたが，慣れるに従い，一つを除き取れるようになりました。授業が終わった後，先生の真似をして，子ども同士で問題を出し合いやっていました。シンプルで楽しい学習だったからでしょう。

使用した楽器は，タンブリン，カスタネット，マラカス，ハンドベル，ミュージックバトン，鈴，木琴の7種類です。音当て遊びは，何より楽しく学習ができる点が優れています。言語理解の学習に「聞く」ことを取り上げることは重要で，聞くことへの集中力を高める点でも効果があります。

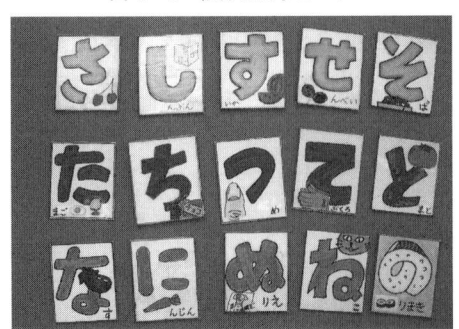

図4-1 絵付き文字カード

（2）絵付き文字カードによる学習指導

　絵カードを見てものの名前が言えたり，言われた絵カードが取れたりしたら，次の絵付き文字カードの学習に入ります。まずは絵付き文字カード（一文字）の作成です。ポイントは，子どもが知っている絵を使うことです。たとえば「ま」の字の場合，今の子はマッチを知らないのでマッチの絵では駄目で，豆を知っていれば豆の絵を採用します。絵は，自ら描き彩色を施したものもあれば，チラシを切り取り，厚紙（厚地の方が取りやすい）に貼ったものもあります。大きさは小ぶりで（50ミリ×42ミリ），透明のテープやフィルムで覆うとはがれません（図4-1）。

　何枚かのカードをみせ，教師が「豆のま」というように言い，「ま」の絵付き文字カードを取らせました。子どもにもカードを見せ，「豆のま」と発音させました。初めは絵の名前「豆」が言えても，文字の「ま」は言えない状態でしたが，繰り返し学ぶ中で少しずつ読めるカードが増えていきました。

　絵付き文字カードの学習は，豆の絵と「ま」の文字が一緒に記憶されるようで，絵を手がかりに文字の理解が進んでいきました。またこの学習は発音の練習にもなり，発音が少しずつ明瞭になるなどの効果も生んでいます。このことは，一担任の自己満足的な評価ではなく，子どもたちを知る学校医からの指摘であり，発音，返事，挨拶の点で，入学してからの成長ぶりを称えてくださった外部評価であることを書き添えておきます。

（3）絵付き文字カードから文字カードへ

図4-2　はめ込み式の文字カード

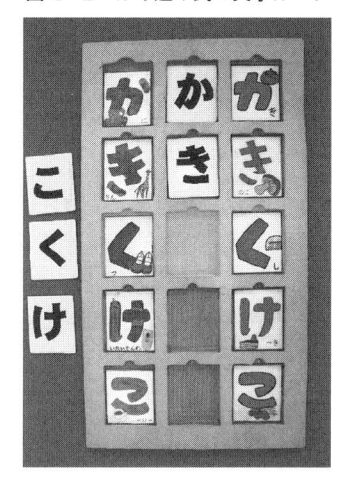

　絵付き文字カードから文字カードへとステップアップを図った指導を紹介します。絵を頼りに文字カードを取っていた子どもにとって，ヒントの絵がなくなることはゆゆしき問題で，学習することへの抵抗が予想されます。学習への興味をつなげるための一工夫が必要になります。そこで，子どもの好きな型はめを取り入れた，はめ込み式のカード並べの学習を考えました。

　教材・教具の作製（自作による）は，ベニア板（360ミリ×200ミリ）を電動糸ノコギリで文字カードの大きさに切り抜き，裏にベニア板をはりつけたものです。子どもの実態に応じて指でカードが取れるよう小さな半円の穴も同時に切り抜きました。手順は，一文字のかるた取りの要領で「あんぱんまん」の「あ」，「あめ」の「あ」と言って，絵付き文字カードを取らせ，次に「あ」と言って，「あ」の文字カードを選び取らせました（図4-2）。回を重ねるに従い正しい文字カードを選び取るようになり，あ行，か行，さ行…と，次々にクリアーしました。文字カードで平仮名五十音を並べる学習も試みました。

　絵付き文字カードと文字カードを並べる学習はさほどむずかしくなく，学習への抵抗感も少ないものでした。型はめの楽しさが学習を促進させ，絵をてがかりにした文字理解から，絵のない文字だけの理解へと脱皮が図られました。

（4）絵カードと文字カードのマッチング

　次の段階として絵カードと文字カードのマッチングの学習に入りました。絵カードは，ギフトのカタログやチラシなどから切りとり，厚紙に貼って作成しました。果物や食べ物，おすし，動物，虫など，何種類か用意をしました。

　学習の方法は，たとえばすいかの絵カードと「すいか」の文字カードを，洗濯ばさみではさんでとめるという学習です。少し文字を知っている子どもには

図 4-3 絵と文字のマッチング

有効で，覚えたての平仮名文字で読む学習となりました（図 4-3）。

洗濯ばさみを使うことで単調になりがちな机上の学習に変化が起こり，子どもが進んで学習に取り組む姿が見られました。得意気に大きな声を出して文字を読み，洗濯ばさみでカードをはさむのを担任はその出来具合を確認しました。指を使うため指の力をつけることにもなり，それが脳への刺激にもなる学習となりました。

特別支援学級では，子どもの実態にあったさまざまな学習課題が，個々に与えられています。そんなおり自ら進んで取り組める学習がいくつかあると，効果を生むものです。この学習は，そんな学習の一つであると言えるでしょう。

（4）絵本の活用

文字への関心を向けさせるため，絵本も活用しました。絵本は子どもが好むノンタンシリーズを選びました。その理由は，子どもはいたずら好きなノンタンに親近感を感じ，感情移入しやすい。繰り返しもあり，文字の数も多くないからです。教師と交互に読み合うことで文字への興味を喚起しようと考えました。さらには，指人形の劇に仕立て，母親や友達に披露する場を設けるなどして，意欲を持続させるようにしました。ともあれ，言葉の獲得は学習を進める上ではたいへん重要であり，子どもによい刺激をいっぱい用意し，平仮名を理解させる指導を進めました。

授業参観では，折り紙の指人形劇を披露しました。指使いはおぼつかないま

でも，せりふの読みは満足のいく出来栄えで拍手喝采，母親を大いに喜ばすこととなりました。父親にも自宅で本読みの成果を披露し，次のような便りをいただきました。

　　「何度『ノンタン』を読んでもらっても感激で，パパもおどろいていました。そんな雰囲気が大好きな○○は，昨日も今日も2回以上読んでくれました。今日は久々のトワイライト（放課後学級）でしたが，AP（アシスタントパートナー）さんにもほめていただきました。また，ヤンチャを言う波もくるとは思いますが，こうしてほめられる経験は，また役にたつと。これからも引き続きよろしくお願いします。」

　本児の場合，文字を読むというより絵本の世界を楽しみ，暗記をしたため，平仮名読みはまだ十分ではありません。それでも絵本の世界に浸った体験は，大きな肥やしになっているのではないでしょうか。

（5）漢字を読む

　1年生の教科書を見るまでもなく，漢字の学習は「一，二，月，日，山，川……」など，画数の少ない字から習うことになっています。当然筆者も，1年生の漢字の読み書きから学習指導を始めました。ところが全く興味を示さず，覚えようとしません。そこで，子どもが興味をもっていることを漢字の学習に結びつけようと考えました。電車が好きで毎日電車の本を見ても飽きない子なので，駅名の漢字を覚える学習を取り入れました。たとえば「上前津」「栄」「伏見」「名古屋駅」といった漢字に読み仮名をつける学習です。

　1年生の漢字を習う時とは打って変わって，目の色が変わり，学習に集中するようになりました。次々と駅名の漢字を覚えていきました。地下鉄の駅名から始まって，高速道路のインターチェンジ名，ジャンクション名，名古屋鉄道やJR新幹線，東海道本線の駅名と，学習範囲を広げていきました。「燕三条」「雫石」といった，難しい漢字も覚えました。

　指導を次の段階に移しました。駅名は音読みが中心なので，訓読みの学習を取り入れました。ここでは1年生に習う漢字の中から，訓読みの漢字の入った文章を用意し，学習を進めました。引き続き2年生に習う漢字と，レベルを上

げていきました。

　そうしたある日のこと，遠足で東山動植物園へ行った帰り，出入り口の大きな看板文字「本日はご来園ありがとうございました」を読むことができたのです。着実に生活に欠かすことのできない力をつけていることを知り，うれしく思いました。

　自閉症児の場合，漢字の読み書きを教科書通り指導するのではなく，興味のあること，日常生活に結び付けて学習指導をしていくことが，効果的でしょう。

2　書くことの指導

(1) 映像的記憶としての文字

　書くことの指導は，色塗りや運筆練習から始めて，なぞり書きに入ります。その次は，ものの名前を平仮名で書く学習となります。ものの名前を①手本の字を見て書く，②手本なしで書く，「二枚法」と名づけたこの学習について紹介します。

　自閉症児の文字理解は，時として特異であることが指摘されたりします。たとえば，「しがしろう」と名前が書けるようになったとしても，「しろ」とか「しまうま」の「し」の字は書けないという不思議が伴います。これは名前が映像のように記憶されていて，名前を型どおり記号のように書いているにすぎません。同じ発音の文字が同じ字であるというように認識されていない，音と文字が結びついていないのです。音が欠落して，記号のような文字が存在しているのです。

　この壁を乗り越え文字を獲得させるため，次のような二種類のプリントを作成しました。一枚目は，たとえば「し」であれば，「し」の字のつく「しろ」「しまうま」「した」「かかし」の絵に，手本の平仮名文字を書き添え，空欄のマスを書き加えたものです。二枚目は，上記プリントの手本の平仮名文字がないもの，絵を見て文字を書く課題のプリントです。「あ」から「ん」までの46枚を用意しました（図4-4）。

第4章　障害児教育の実際　Ⅰ

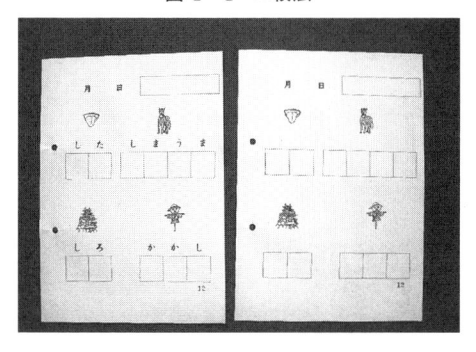

図4-4　二枚法

(2)「二枚法」の実施

　一枚目のプリントは，ものの名前を手本の文字を見て書く課題です。本児が書くとき，教師が必ず声を出して読み，耳からも情報を入れるようにしました。二枚目も同じように取り組ませます。書けないときは平仮名五十音表をみせ，指で差し，声を出して読みました。手本の文字のある・なしで二枚実施することは，記憶を定着させたいからです。同じ字の練習ばかりでは飽きてしまうのではないかと考え，1日2枚で3日実施し，次の文字に進みました。

　指導を始めて9か月がたったある日のこと，「へび」で「へ」の字を教えて書かせました。次に「へちま」と言うと「へ」の字が書けました。同じ発音の文字は同じ字であることに初めて気付いた瞬間です。ヘレンケラーが「ウォーター」と叫び，ものには名前があることを発見したように，本児も，音が同じであれば同じ字であることを知ったのです。ついに立ちふさがる一つの壁を乗り越えました。それは担任として静かな感動の一瞬でした。やがて1回目より2回目，2回目より3回目の方が，正しく書けるようになっていきました。

　同じ発音をする字をそろえたプリントを手本のある・なしで2回実施することは，映像的記憶にたよらない文字理解をするのに役立ちました。無論，字を書くときに音を添える，地道な指導があってのことです。この「二枚法」は，本児のみならず，まだうろ覚えで書ける平仮名文字もあれば書けない字もある，そんな子どもが取り組むのに適した学習です。

図4-5 二枚法で童謡を書く

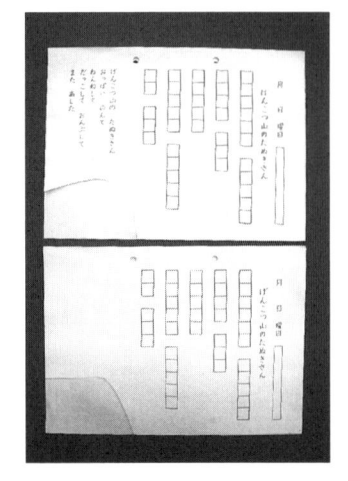

（3）童謡をひらがなで書く

　ものの名前が書けるようになった子どもの次の段階の指導として，文章を書くことがあげられます。文章を書く指導にいかに導くかについてです。子どもにとって興味があり，なじみのあるものの一つに，歌なかんずく童謡があります。童謡は心地よく耳に響き，リズム感があります。また，繰り返しのある文章は平易でわかりやすく，教材・教具として活用するのに十分の値打ちがあります。そこで市販されている「童謡カルタ」を使い，読み札を歌いながらカルタ取りの遊びを楽しみました。ついで，童謡の歌詞を視写させ，さらには歌を口ずさみながら（暗記して）書く，「二枚法」でもって指導を試みました（図4-5）。

　子どもに負担の少ない，何よりも楽しみながら文章を書く学習となりました。自閉症児は，映像的記憶にたよりがちです。そうではなく，音と文字をつなげることができるこの学習は，大変効果のある学習となりました。並行して日記指導も行っています。

3　エピソード

（1）卒業式でのこと

　今日は晴れの卒業式。教室で待機しているうちに，式場の体育館に入る時間が近づいてきました。「行こうか」と声をかけたとたん，瞬間湯沸かし機をバンバンバンと叩き，洗面台の下の扉を足で蹴り，うずくまりました。本児は突然にキレることがあるのです。おそらくは，よそいきの服で胸には造花がつき，担任を始め大人は黒のいでたち，日常とは違う雰囲気が朝から漂い，緊張感にさいなまれていたのでしょう。しばらく待って，「そろそろ行こうか」と声をかけたらついてきました。いったん体育館の外の廊下で待機です。やがて

6年生が舞台に入っていきました。でも本児は，途中でしゃがみこんでしまいました。

むりやり引っ張り入れれば暴れ回り，式を台無しにすることぐらいやってのけます。そうなれば6年生に迷惑をかけ，学校は何をしていると言われ，親が嘆き悲しむことは目に見えています。時計を見ながら，ここでも待つことにしました。しばらくして「中へ入ろうか」と声をかけたら，立ち上がり扉をくぐろうとして，2〜3歩後ずさりして，しゃがみこんでしまいました。

待つだけでは，中へ入れないことを知りました。むりやり引っ張り込むこともできず，卒業式の日に課せられた最後の難問となりました。とっさに私は，うずくまっている彼の耳元で「ババンバ　バン　バン　バン　アー　ビバビバ　ババンバ　バン　バン　バン」と歌った。これから卒業式が始まるというのに「♪いい湯〜だな」と。この歌は，彼が機嫌のいいときに口ずさんでいる歌でした。

彼はにっこり笑いました。その瞬間を私は見逃しませんでした。「よし，行こう」と声をかけ，立ち上がりました。その後を彼はついてきて，舞台に上がることができました。まもなくして緞帳が上がり，式は挙行され，無事卒業式を終えることができました。卒業式という大事な一日を，幸せな日にすることができた安堵感と，よくぞあの場面で歌を口ずさむことができたなと，自らを称えたい気持ちと，思い出に残る卒業式となりました。

(2) 水泳指導

「障害児だからできないと思っている」と，母親のつぶやきや「お金を払い，3年間もスイミングスクールに通わせているのに……」と嘆きを聞くことがあります。筆者は，この子必ず泳げるようにしよう，と思いました。あきらめるのではなく母親の願いをかなえたい，と思ったのです。筆者には，通常学級を担任していたとき，全員を泳げるようにした実績とノウハウをもっていました。そこで，3年計画をたてました。経過については，本児の卒業文集から抜粋します。

「ぼくは，小さい頃から水系のものが好きで，特にプールは大好きでした。

そんなわけでスイミングクラブに入り、楽しく通いました。でも水にうくのですが、なかなか泳ぐまでには至りませんでした。学校でも、先生に泳ぎを習いました。3年生までは、主に水になれることでした。4年生になって、ビート板で25メートル泳ぐ目標を立てました。途中で足をつけたくなるのをがまんして、がんばりました。こうして25メートルのビートを6本やるのが、この年の練習でした。

　5年生の目標は、息つぎです。ビート板を半分の大きさにし、幅広のゴムをまきつけ、その中に手を差し入れる特せいのビート板で練習をしました。これで片手クロールの息つぎをおぼえました。6年生は、片手クロールで25メートル泳ぐことを目標にしました。もう、ビート板はありません。先生に時おり片手を持ってもらい、練習をしました。そして、ついに念願だった25メートルを泳ぐことができました。とてもうれしかったです。母に学校に来てもらい、泳ぐ姿を見てもらいました。母は、わがことのように喜んでくれました。その後、スイミングクラブで両手クロールをおぼえました。泳ぐことは、とても気持ちがいいです。これからは、ぼくのしゅみとして楽しみたいです。」

(3) 親への問いかけ

　担任であるからには、親との関係は避けては通れません。時にはしっくりいかない事態が生じたりもします。そこで、このことについてもふれておきます。ここでは母親と管理職との間でいさかいが生じ、そのはざまで苦慮し、解決に導いた事例を紹介します。何らかの参考になれば幸いです。

　あるとき教頭から「学校としても特別支援学級の親に話をしておきたいので、個人懇談会の後の5～10分ほどの時間がほしい」との申し出がありました。そこで個人懇談会の後、教頭にバトンタッチをしました。その翌日、母親からの連絡帳には「うちの子は手がかかるということなので、登校を拒否します」と記されていました。教頭がさっそく親に電話を入れ、1時間近く話しをしたものの、私（教頭）はこういうつもりで言った、否、私（母親）はこう受け取った、という話しに終始し、事の進展は得られず、担任の私が家庭訪問することとなりました。

母親は，私の顔を見るなり泣きながら話し始めました。私は，じっくり耳を傾けました。「特別支援学級だから，手がかかったっていいよ」と答えたり，あいづちをうったりしながら，20分ほど話を聞きました。頃合いを見計らって次のように問いかけました。「クラスの□□さんが『○○さん，なんで学校を休んだの？』と，何度も聞いてきましたよ。もう一人の△△君は『○○さん，あした，学校来るの？』と，聞いてきましたよ」と。

　母親は「わかりました。私が学校へ行っても，話しが平行線をたどるだけだから，あしたは主人に子どもを連れて行ってもらいます。主人に話しをしてください」と。翌朝，教頭は父親に話しをして，一件落着をみました。

　私がしたことは，親に説教することでも言い訳をすることでもなく，頭を下げ登校をお願いすることでもありませんでした。母親が自らをみつめ，賢明な判断が下せるよう，母親に問いかけをしたのです。私は子どもの側に立ち，子どもの視点で問いかけたのです。その結果，母親は怒りを静め，思いもよらない考えを提示し，決着をみたのでした。

（4）純真な子どもたち

　朝の出会いから始めましょう。登校して担任を見つけると「しがせんせ〜い！」と駆け寄ってきて，ピョ〜ンと胸に跳びこんできます。疑うことを知らず，真正面から跳びこんできます，その心に打たれます。この麗しい関係は，特別支援学級ならばこそです。隣にいた校長は「うらやましい」との一言でした。今なお脳裏に浮かぶ，幸せな思い出の一つです。

　次は，数字でもって示します。知能検査で測定不能の検査結果で入学した子が，卒業時はIQ 49まで伸びました。他の説明は要しない，この数字で十分でしょう。特別支援学級だからこそ知的発達を促進しました。この事実を重く受け止めてほしいと思います。

　教師への後追い行動を示す子どももいました。トイレにも職員室にもついてくるのです。乳幼児期に母親への後追いはなかったという子，がです。覚悟を決め，休憩時間も返上して付き合うこと1年有余でもって友達と一緒なら離れられるようになりました。安心できるもう一人ができ，後追いが解消しまし

た。特別支援学級の中で，情緒が安定しました。

　締めくくりは夜，家庭でのことです。母親から子どもの就寝前の様子を聞きました。親への挨拶がすむと，窓から校舎に向かって「しがせんせ〜い，おやすみなさい！」と言って，布団に入るというのです。一日の終わりに担任を思い出し挨拶をして寝るというのです。特別支援学級と家庭の双方とで，子どもの素直な心を育んでこれたからだと思います。

　このことは，長年障害児の教育に携ってきた教員として最後の年の出来事で，いわば特別支援教育の私なりの到達点です。

　教育の力の大なることを知ってほしいものです。今はただ，この子たちの成長と幸せを祈りつつ本章をとじます。

（志賀史郎）

第5章

障害児教育の実際 Ⅱ——特別支援学校（中学部）での取り組み

　第4章「小学校の特別支援学級での取り組み」に続き，この章では特別支援学校の中学部での取り組みについて紹介します。

　小学部までは「児童」と呼ばれてきた子どもたちも，中学部に入学した日からは「生徒」と呼ばれるようになります。個人差はありますが，日に日に体つきも変化して大きく成長し，第二次性徴も顕著になってきます。一方，心理的にも親に対して依存的な少年期から，自分の意思をもち自立した生活へ向かおうとする青年期へと，大きな変化と成長を遂げていく時期と言うことができます。青年期前期に当たるこの学齢を迎えた子どもたちに対する教育のあり方も，小学部時代とは当然変わってきます。生活年齢を加味した教育内容が求められます。中学部での教育課程は，子どもたちのこの変化をとらえこれに適合させていくとともに，子どもたち一人ひとりのさらなる成長を促していくためのものでなければなりません。

1　中学部教育課程の特徴

　特別支援学校の教育課程は，一般の小学校や中学校のそれと比べると，大きな違いがあると言えます。その一つ一つについてここで述べるつもりはありませんが，全体として言えることは，特別支援学校で学ぶ子どもたちの障害の状態や発達段階，学習上の特性などを踏まえて，子どもたち一人ひとりにスポットを当て，柔軟な指導ができるよう構成されているという点です。以下にその一端を紹介することで，特別支援学校での指導について大まかな理解が得られればと思います。

写真5-1 補装靴をはくA君

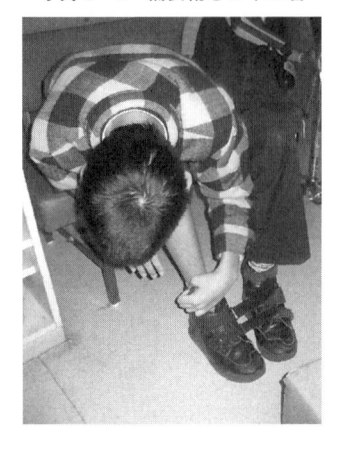

(1) 日常生活の指導

　特別支援学校小学部に入学した子どもたちは，高等部卒業まで最大12年間をここで生活することになりますが，中学部へはそのちょうど半分が過ぎた時点で入ってくることになります。一般の小学校から特別支援学校へと入学してくる子どもたちを含め個人差はありますが，子どもたちの日々の生活ぶりを見ていると，中学生とはいえ排泄や食事，着替えなどの基本的な生活習慣や言葉，あいさつ，きまりを守ることなどが十分にできていない子どもの多いのが実情です。これらの子どもたちにとって，特別支援学校での毎日の生活が，将来の自立した生活に向けてより充実したものとなっていくためには，「日常生活の指導」の授業はまだまだ欠かせないものといわねばなりません。それは，ほとんどの生徒たちにとって，自分の身の周りのことを自分ですることができるということが，自立のための第一歩と考えられるからに他なりません。

　写真5-1は，日常生活の指導の時間を利用して，補装靴を自分で履く練習を1年間がんばってきたA君です。靴の履き替えは，登下校時や着替えの度に必要となりますが，本校に設置されている重複障害児学級に籍を置くA君はこれまで，その着脱を周りの人たちに助けてもらっていました。しかし高等部進学を控えて，自分でできることを一つでも増やしておきたいとの保護者の願いから，この課題と取り組むことにしました。

　中学部に入学したころは，自分の靴に視線を向けることさえしないA君でした。しかし，日常生活の指導の時間の活動としてじっくりと取り組んだ結果，今では自分から手を伸ばして，靴のマジックテープのベルトを着けたり外したりするようになってきました。このように確かに子どもたちは生活力を身につけていきます。

　次の資料5-1で示したのは，筆者の勤務する特別支援学校での教育目標を，わかりやすく示すために掲げられた5つの目標です。

資料5-1　5つの目標

```
＊自分のことは自分でする。
＊みんなと仲良くする。
＊じょうぶな体をつくる。
＊何事も最後までがんばる。
＊働くことの尊さを知り，進んで活動する。
```

（出所）平成20年度名古屋市立西養護学校「学校要覧」より。

表5-1　年間授業時間数

| | | 領域・教科を合わせた指導 | | | 総合的な学習の時間 | 教科領域別の指導 | | | | | | | | | 総時間数 |
| | | | | | | 教科 | | | | | | | 領域 | | |
		日常生活の指導	生活単元の学習	作業学習		国語	社会	算数数学	理科	音楽	図画工作美術	保健体育	特別活動	自立活動	
小学部	1年	374	136			34		34		34	34	102	34		782
	2年	420	140			35		35		35	35	105	35		840
	3年	490	140			35		35		35	35	105	35		910
	4・5・6年	455	210			35		35		35	35	105	35		945
	重複学級	350	140							35		105	35	210	910
中学部	1・2・3年	280	175	210	70	18	17	18	17			70	35		980
	重複学級	280	70	175	35	18	17	18	17			70		175	980
高等部			175	315	70	70	35	70	35	70	70	70	70		1050
訪問教育部		105												210	315

※生活（小），職業・家庭（中），職業及家庭（高），道徳（小中高），自立生活（重複・訪問を除く）については，領域・教科を合わせた指導の中で行う。
（出所）平成20年度名古屋市立西養護学校「学校要覧」より。

　これらの目標は，小学部・中学部・高等部のすべての子どもたちに対する大まかなものです。子どもたち一人ひとりの障害の状態によっては，個々の目標もさまざまです。これらの目標を一つ一つ達成していくために，学校生活のいろいろな場面で，教師たちによる継続した日常生活の指導が必要であることはいうまでもありません。

（2）各教科の指導

　表5-1は，年間授業時間数を示したものです。小学部と中学部の時間配当を比較すると，いくつかの違いに気付くことができるでしょう。

　まず，国語や算数・数学，音楽，図工・美術，保健体育などといった，小学部で行われてきた教科学習が中学部でもそのまま取り入れられていく一方で，中学部から新たに「作業学習」が領域・教科を合わせた指導として取り入れられています。同様に，「総合的な学習の時間」も中学部から設定されています。

　また，小学部の段階では教科として位置づけられていなかった理科や社会科の学習が，中学部ではそれぞれ独立した教科として設定されています。これは決して，小学部の段階で理科的，社会科的学習が行われていなかったことを意味しているのではありません。発達的な観点から，中学部の段階からはこれらの学習を教科として，その内容を積み上げていくことも可能になると考えればよいでしょう。ただ実際には，教科として独立した授業の形態をとるかどうかは，子どもたちの実態や個人差などの条件に即して考えられるため，これらの教科が，領域・教科を合わせた指導の中で行われる場合があります。大切なのは，授業の内容やその進め方が，子どもたちの実態にふさわしいものであり，彼らの興味や関心に応えているかということであって，形式にこだわる必要はないと思います。

　さて，国語や社会，数学，理科，音楽，美術，保健体育，職業・家庭といった教科の学習は，特別支援学校の中学部においても必修教科として学習の基本にすえられています。その内容は授業の主人公である子どもたちの実態に合ったものでなければなりません。そのため教科の目標や内容は，学習指導要領に従って小学部3段階，中学部1段階，高等部2段階に分けて示されています。しかし，学年別に示されてはいません（文部省「盲学校・聾学校及び養護学校学習指導要領（平成11年3月）解説」第5章第1節1の（2））。これは子どもたちの障害の状態や発達段階，経験の程度などによる学力の違いを克服するための配慮なのです。中学部といっても子どもたちの学習能力はさまざまですから，学年やクラスが違えば，年間のカリキュラムやその進め方も変えていく必要があるのです。たとえば，数学の授業を例にとると，ある教室では個別の学習用プリ

写真5-2 個別の課題に取り組むBさん　　写真5-3 中学部全体で取り組む体育の授業

ントを使って、足し算や引き算の計算練習に取り組んでいる一方で、別の教室では、簡単な図形の弁別や大きさ比べをしているといった光景に出会うこともあるわけです。

　写真5-2は、個別のプログラムで課題に取り組んでいるBさんです。朝の着替えを素早く済ませてしまうBさんは、ほぼ毎日担任の先生が作ってくれた学習用プリントを使って書写などの指導を受けています。そしてある日、日々のあいさつの指導を受けたBさんは、「○○先生、おはようございます」と朝のあいさつをきちんとするようになり、筆者を驚かせてくれました。このように、別々の学習プログラムを組む必要があれば、可能な限りこれに応えていくのが基本だと考えられています。

　授業の進め方も多様です。体育や後で取り上げる作業学習のように、中学部全体で一斉に行う授業があります（写真5-3）。子どもたちにかなりの能力差がある場合は、整然と落ち着いてというわけにはいかないかもしれませんが、大きな集団で行う方がそれなりに教育的効果も上がると考えられる場合があります。大集団の中では、さまざまな力をもった子どもたちがお互いに関わりをもつことで影響し合い、それまで無関心であった仲間やその行動に関心を抱き始めるきっかけを提供してくれます。新たな学習の機会を与えてくれるのです。

　同様に、小集団でのグループ学習もさかんに行われています。一斉授業の形で指導することの難しい教科の学習では、子どもの個人差を考慮して、個に応

じた指導ができるようしばしば取り入れられています。集団の教育力に注目したいものです。

(3) 作業学習

　さて、3つ目の大きな特徴は「作業学習」です。これは、一般の中学校教育課程における「職業・家庭科」に当たるものと考えてもいいのですが、知的障害の特別支援学校や特別支援学級では、これを領域・教科を合わせた指導である作業学習として実施しているのが一般的です。

　特別支援学校の教室を実際にのぞいてみると気がつくことですが、1クラスに在籍している子どもたちはみんな個性派ぞろいです。さまざまな原因による知的な発達障害の他、社会的な適応に問題を抱えた発達障害や身体障害のある子どもなど、知的な能力の他に、行動面、心理面における特徴の違いは一般の中学校の比ではありません。どの教科や領域においても同様のことが言えるのですが、この大きな違いを抱えたクラス集団を前にして、教科書に示された教科の目標を一斉にめざそうとするのは、かなり困難といわねばなりません。

　他方、小学校の教育課程の中に「生活単元学習」が取り入れられるようになった経緯について調べたことのある人ならわかると思いますが、子どもたちは障害のあるなしにかかわらず、次のような学習活動上の特徴をもっています。

　学校で学ぶさまざまな事柄について、教科の枠ごとに系統的に学習を積み上げていくことは、整理をする上で大切なことです。しかしこれとは別に、子どもたちの日ごろの活動や日常の生活の一部分を題材にして、これを学習の一単元として取り入れることにより、子どもたちの興味が刺激され、自ら身を乗り出して活動に取り組もうとする姿勢が表れてきます。それまでの受け身の学習場面では埋もれていた子どもたちの興味や関心がどんどん表に引き出されて原動力となり、さまざまな教科的内容を結びつけて横断的に、より効率的に、そしてより楽しく学習を進めることができるということがわかっています。そしてこのことは、知的な障害を抱えた子どもたちの学習場面においても広く当てはまるものなのです。作業学習は、まさにこれらの子どもたちの実態と学習上

の要請に応えた学習形態で，領域・教科を合わせた指導の一つです。子どもたちは作業学習の中で，職業・家庭科的な内容とともに，各教科，道徳，特別活動，自立活動などさまざまな分野の学習を同時に行っていきます。そして，一人ひとりの力や状態に応じて互いに力を合わせ，作業を進めていくことで，仲間と協力することの大切さや楽しさを学び，自分の役割に気づくことでしょう。子どもたちは作業学習の中で，実際にさまざまな物を加工したり作ったりします。将来自分たちが社会に参加していくための基礎的な知識や技能をここで習得するとともに，働く喜びをも発見していくことでしょう。その結果，一人ひとりがより豊かな生活をこれから築いていくための，「生活する力」を高めていくことをめざしています。

(4) 総合的な学習の時間

　中学部の4つ目の特徴が「総合的な学習の時間」と呼ばれるものです。総合的な学習の時間については，現在も書店のコーナーにたくさんの関連書物が置かれているので，手にとって読まれた方も多いと思います。本校の中学部でもさまざまな取り組みが試行されてきましたが，現在では主に「体験学習」や「交流学習」として取り入れられています。これまで，知的発達に遅れがあり自分の身の周りのことが十分にできない子どもや，発達に偏りのある子どもたちにとって「生きる力」とは何だろうと問いかけ，さまざまな取り組みが続けられてきました。その結果，子どもたちが自分の家や教室から出て，外の世界に直接触れてさまざまな体験することで新たな驚きや発見があり，この体験が彼らの心を外に向けて広げていく可能性を確信しました。また，日ごろ接することの少ない人たちとのふれあいを通して，新たな仲間関係や緊張感，ルールを守ることの大切さなどを体験する機会を与えてくれます。さらに，いつか学校を出てから直面するであろうさまざまな社会のルールやしくみについて，気付かせる機会をも与えてくれると考えています。写真5-4と5-5は，近くの中学校の子どもたちと行われた「交流会」や，地域の人たちとの交流のために行われる「もちつき会」のときの様子です。

写真5-4　地域の中学校との交流会　　写真5-5　地域の人達とのもちつき会

2　作業学習の実際

　さて，前項で示した年間授業時間数表の中で，日常生活の指導に次いで多くの時間を割り当てられているのが，作業学習だということに気付いた方も多いと思います。作業学習は，それだけ中学部での学習の中で大切な部分を担っているということです。この節では筆者の勤務する特別支援学校の中学部での例を紹介しながら，作業学習について述べていきます。

　本校での作業学習は，中学部と高等部において実施されています。子どもたちの卒業後や将来の社会参加を目標に，その具体的な準備を促すための授業と考えていいでしょう。高等部は子どもの人数が多く，能力の高い生徒も割合多いため，作業種目が多く活動も大規模に行われています。中学部では「木工グループ」，「紙工グループ」，「窯業グループ」の3つにわかれて活動しています。重複学級の子どもを含め，中学部の子どもをそれぞれ10名から11名の3グループに分け，これを各々5名から6名の教師が担当して，グループごとに授業を進めていきます。これらの3つの種目は，子どもたちにとっての取り組みやすさや安全性，子どもたちの関心の度合いや作業室の環境などさまざまな条件を考慮しながら選ばれて実施されてきたものです。地方によっては，その地域に特色のある伝統的な地場産業などがある場合など，地域との連携をはかる意図からこれを作業学習として取り上げるケースもあります。

子どもは縦割りグループです。3つの学年の子どもができるだけ均等になるよう留意してグループ分けをします。また例外を除き，子どもたちが中学部の3年間で3つのグループ全てを体験できるよう配慮されています。これらのグループの中で，子どもたちは1年間それぞれ自分の作業場所と役割を割り当てられて，作業学習に取り組むことになるわけです。各作業グループにはそれぞれ専用の作業室や設備，スペースが設けられ，子どもたちは時間になると自分の教室からこれらの作業室へと通ってきます。

　彼らには一人一人に専用の作業エプロンが与えられています。これは高等部の子どもたちが，自分たちの作業学習の中で製作したもので，実は大切な役割を果たしています。子どもたちは通常，登校後は生活着であるジャージ上下に着替えて活動しているのですが，作業学習に向かうときは子どもたちの仕事への意識を切り換えるため，敢えて服装をかえさせているわけです。本校は簡単なエプロンだけですが，専用の作業着や作業帽などに着替えてから作業学習に取り組んでいる特別支援学校もあります。

　さて，作業学習は基本的に製品を製作・生産することを目標に，特別な場合を除いて活動をいくつかの工程（分業）に分けて実施されています。子どもたちはこれらの工程の内，1つまたは2つを担当する形で進められるのが一般的です。当然ながら，子どもの負担が大きすぎてはいけません。また，その負担が小さすぎて余分な時間が生まれ，子どもが周囲に気を取られて手元への集中が損なわれてしまうようなことも避けねばなりません。そのため担当する教師チームは，子どもの一人ひとりを見つめてその行動を予測しながら，作業工程や使用する補助具など個に応じた工夫をします。作業の安全を確保するとともに，子どもたちのもっている力が十分に引き出されて，充実した学習になるよう気を配ります。

　指導は子どもたちに作業を押し付けるのでなく，彼らが自分から動き始めることができるよう配慮することを基本にしています。大切なのは製品がいくつできたかではなく，子どもたちがどれだけ自分からやる気を出して作業したかだと考えています。これが作業学習の本当のねらいであるからです。

　筆者が参加している木工グループを例に，授業の進め方を紹介しましょう。

Ⅱ　学齢期における障害のある子ども支援

写真5-6　木工グループで製作するCDラック　　写真5-7　側板に木片を貼るCさん

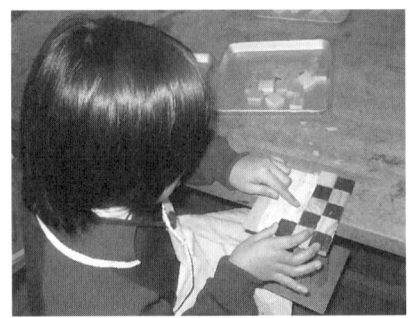

―授業のタイムテーブル表―
10：30　始めの会
　　　　集合，点呼，あいさつ
　　　　作業分担の発表と説明
10：40　作業準備
10：45　作業開始
11：15　作業終了，片付け，清掃
11：20　反省会
11：40　戸締り，解散

このグループは，現在「CDラック」（写真5-6）の製作に取り組んでいるところです。授業は次のように進められます。まず授業のタイムテーブル表を見てください。

このタイムテーブルでいくと，最初の集合から解散までの70分間の内，実質の作業は30分で，半分以下しか手を動かしていないじゃないかと思われた方も多いでしょう。実はその通りで，残りの半分余の時間は，作業の準備やその説明，そして作業後の片付けや反省会などに当てられます。これでは作業の実習としては少々物足りないと思われるかも知れません。しかし，作業だけをたくさんさせれば良いというものでもありません。子どもたちが，「さあ，やろう！」と自分から動き出そうとするような，活動のための動機づけが必要なのです。これがあって始めて，作業学習の成果が自分の力として彼らの身につくのだと筆者たちは考えています。はじめの会や作業の準備などは，そのために欠かすことのできない時間なのです。また，作業後の清掃や道具類の片付けとその後の反省会も，次回の作業に向けての布石になるはずだと考えています。

ではここで，子どもたちの具体的な作業の様子についても紹介しておきましょう。

写真5-7は，CさんがCDラックの側板に木片を貼る作業をしているとこ

写真 5-8 電動ドリルを使う D 君　　　写真 5-9 協力し合う E 君と F 君

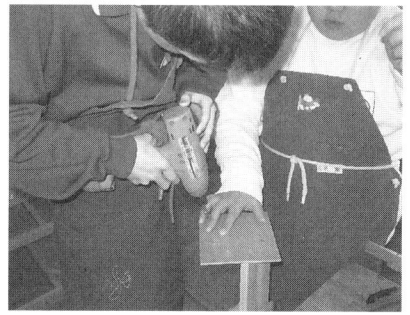

ろです。木片は縦横 5 枚ずつ，合計 25 枚を木工用ボンドを使って貼り付けます。ただし，木片の半数は「焼き杉」細工がしてあるため，白い板と黒い板を交互に張り付けて「市松模様」に仕上げなければなりません。時々間違えることもありますが，お手本を元に一枚ずつていねいに表と裏を確かめて仕上げていきます。この確認ということも生活する力をつけるにはとても大切だと考えています。その真剣な表情が印象的でした。

　写真 5-8 は CD ラックの側板に電動ドリルで穴を開けている D 君です。電動工具は使い方を誤ると危険な道具ですが，D 君は作業の手順や教師の注意を良く守り，安全に作業をすることができました。一日の作業を終え，反省会でほめてもらえた日には，自分の作った部品の中で一番気に入った物を教室へ持ち帰ります。大好きな担任の先生にみせて，ほめてもらうためです。その時の D 君の得意そうな顔が，目に浮かびました。ここには教師と子どもの関係の中で育っていくことがみられます。

　写真 5-9 は，同じ木工グループの E 君と F 君が，協力し合って CD ラックを組み立てているところです。二人は息の合ったところをみせてくれています。部品同士の接着にはネジを使います。二人とも手先が器用なので，電動ドライバーを使ってネジ締めをする課題を与えられました。電動ドライバーも使い方によっては危険を伴いますが，注意しながらこの作業をこなすことができました。ここには子ども同士の育ち合いがみられます。

　さて，断片的にではありますが，中学部での作業学習の様子を紹介しまし

た。ここで取り上げた木工グループの他，中学部では紙工グループと窯業グループが活動しています。いずれのグループも基本的には同様の教育方針で作業学習を展開しています。子どもたちの生き生きとした活動の様子を伝えられたなら幸いです。

　1年間の作業学習で製作された作品は，それぞれのグループの子どもたちが家庭に持ち帰って実際に使って体験してみるほか，学校を訪問されたお客様への記念品などとして贈られます。今年は，総合学習で体験した「もちつき会」のために，講師として来校してくださった地域の方々へ，お礼の品として贈られました。子どもたちの学習での成果をいっそう結実することをねらって行っています。

（玉置　寛）

第 6 章

障害児の就労支援

　心身に障害があっても就労を通して社会参加することは，単に収入を得るためだけではなく，その人らしく生きるためにも大変重要なことです。そこで，本章では障害者の就労実態や障害児の就労支援について検討を進めます。障害者の就労に関しては，ノーマライゼーション理念の普及とともに徐々に改善されてきているとはいえ，なお多くの課題も残されています。障害児の就労支援は，多くの場合，特別支援学校の高等部卒業前後に必要となります。そこには学校，雇用主，障害者職業センター，ハローワーク等の専門機関による実質的に意味のある連携が求められます。障害のある人を働く場に受け入れるための法律として「障害者の雇用の促進等に関する法律」が制定されています。そこには，民間企業にあっては一定の割合で障害のある人を雇用しなければならないことも示されています。しかし，その実態は決して充分なものとは言えないのが現実です。学校から社会へ移行するにあたって，教師の果たすべき役割は計り知れません。その基本は個性と適性を生かした支援です。

1　障害者の雇用制度

（1）法定雇用率
　心身に障害があっても働くことを通して社会参加し，自立した生活を営みたいという思いはすべての障害者に共通しています。この願いに応えるためには，心ある事業主の善意のみでは実現不可能です。そこで「障害者の雇用の促進等に関する法律」という法律が制定されています。この法律の目的は，「この法律は，身体障害者又は知的障害者の雇用義務等に基づく雇用の促進等のための措置，職業リハビリテーションの措置その他障害者がその能力に適合する職業

に就くこと等を通じてその職業生活において自立することを促進するための措置を総合的に講じ，もって障害者の職業の安定を図ることを目的とする。」（第1条）と明記されています。そして障害者の雇用を促進させるという目標の達成を図るために，民間企業，国，地方公共団体は，一定の割合以上，身体に障害のある人または知的に障害のある人を雇用しなければならないとされています。これが障害者雇用率制度で，一般に法定雇用率と呼ばれています。その内容は次の通りです。

① 民間企業

56人以上の従業員を雇用する民間企業においては，1.8％以上の雇用率が定められています。たとえば従業員が1000人の企業の場合，18人以上の障害者を雇用することが義務とされています。

② 国及び地方公共団体

国及び地方公共団体の機関においては，2.1％以上の雇用率が定められています。たとえば職員が1000人の自治体の場合，21人以上の障害者を雇用することが義務とされています。この他に教育委員会においては，2.0％以上の雇用率が定められています。

障害者雇用率の算定に当たっては，重度の身体障害者又は知的障害者を雇用している場合は，1人の雇用につき2人として扱うことになっています。これをダブルカウントといいます。また，2006年4月から身体障害者，知的障害者に加えて精神障害者保健福祉手帳所持者を雇用した場合も雇用率として算定されることになっています。精神障害者で短時間労働者（週所定労働時間が20時間以上30時間未満）については，1人を0.5人として算定されることになっています。

（2）障害者雇用納付金制度と調整金制度

① 障害者雇用納付金制度

この制度は，常用労働者が300人以上の企業で，法定雇用率を達成していない場合，1人につき月額5万円を納付しなければならないことになっています。この主旨は，法定雇用率を満たしている企業との経済的負担の度合いを調

整するために設けられているものです。たとえば，常用労働者が1000人の企業の場合，18人以上の障害者を雇用しなければならないことになっていますが，15人しか雇用していないとすると，3人不足していることになります。したがって月額15万円の雇用調整金を納付しなければならないことになります。

② 障害者雇用調整金制度

この制度は，常用労働者が300人以上の企業で，法定雇用率を超えて障害者を雇用している場合，1人につき月額2万7千円が支給されることになっています。財源は障害者雇用納付金で賄われています。この主旨は障害者を多数雇用することによって生ずる経済的負担を軽減させるためのものです。たとえば，常用労働者が1000人の企業の場合，18人以上の障害者を雇用することが義務付けられていますが，この人数を超えて20人雇用している場合，2人分の雇用調整金である5万4千円が支給されるという仕組みです。

③ 障害者雇用報奨金制度

この制度は，常用労働者が300人以下の企業で，一定の水準を超えて障害者を雇用している場合，1人につき月額2万1千円が支給されることになっています。この主旨は障害者雇用調整金制度と同様に中小の企業にあっても障害者の雇用促進を図るためです。

④ 税制上の特例措置

障害者を雇用している企業に対しては税制上の各種の措置が講じられています。その概要は次の通りです。

　ア　機械等の割増償却措置（法人税，所得税）

障害者の雇用割合が50％以上の場合，機械及び工場用建物等の普通償却限度額の100分の24（工場用建物については100分の32）相当額の割増償却ができることになっています。

　イ　助成金に係る課税の特例措置（法人税，所得税）

障害者雇用納付金制度に基づく助成金については，助成金のうち固定資産の取得又は改良に充てた部分の金額に相当する金額の範囲内で，法人税，所得税の特例措置が設けられています。

　ウ　固定資産税の軽減措置

障害者を 20 人以上雇用し，かつ，その割合が 50% 以上の事業所の事業主が，重度障害者多数雇用事業所施設設置等助成金を受けて取得した事業用の家屋に対して一定の軽減措置が設けられています。

　上記の他に，所定の条件のもとで事業所税の軽減措置や不動産取得税の軽減措置も設けられています。

2　障害者雇用の実態

(1) 一般企業における雇用状況

　1998 年から 2007 年までの 10 年間について，一般企業における障害者の雇用者数，実雇用率，雇用率達成企業の割合について示したものが表 6-1 です。

　一般の民間企業における障害者雇用率は 1.8% とされていますが，この法定雇用率が達成されていないのが実態です。過去 10 年間，いずれの年も 1.4% 台の後半から 1.5% 台に留まっています。

　また，法定雇用率を達成している企業の割合は 1998 年を除いていずれも 40 % 台に留まっており，法定雇用率未達成企業は半数以上に昇っています。

　障害の有無を超えて，共に生きるというノーマライゼーション理念の下で，障害者を社会の一員として労働の場に迎え入れるためのさらなる努力が求められています。

(2) 国及び地方公共団体等における雇用状況

　国及び地方公共団体における障害者の法定雇用率は 2.1% とされており，教育委員会は 2.0% とされています。それぞれにおける雇用の実態を示したものが表 6-2 です。

　国，都道府県，市町村ともいずれも法定雇用率を上回っていますが，2007 年で見ると，その数値は国の機関が 0.07%，都道府県の機関が 0.32%，市町村の機関が 0.18% にすぎません。もとより法定雇用率は最低基準として示されているものであり，さらに上回ることが求められます。また，国及び地方公共団体は民間企業に対して障害者雇用の促進を指導し働きかける立場でもあり，

第 6 章　障害児の就労支援

表 6-1　一般企業における障害者雇用状況の推移

年	障害者の数 （人数）	実雇用率 （％）	雇用率達成企業の 割合（％）
1998	251,443	1.48	50.1
1999	254,562	1.49	44.7
2000	252,836	1.49	44.3
2001	252,870	1.49	43.7
2002	246,284	1.47	42.5
2003	247,093	1.48	42.5
2004	257,039	1.46	41.7
2005	269,066	1.49	42.1
2006	283,750	1.52	43.4
2007	302,716	1.55	43.8

（出所）日本発達障害福祉連盟編『発達障害白書 2009 年版』日本文化科学社より作成。

表 6-2　国・地方公共団体及び教育委員会における障害者の在籍状況
（2007 年 6 月 1 日現在）

	法定雇用障害者数 の算定の基礎とな る職員数（人）	障害者の数 （人）	実雇用率 （％）	法定雇用率達 成機関の数	達成割合 （％）
国の機関	301,926 (303,632)	6,542 (6,585)	2.17 (2.17)	39 (38)	100 (97.4)
都道府県の 機関	334,373 (345,142)	8,094 (8,176)	2.42 (2.37)	151 (148)	92.6 (90.8)
市町村の機関	968,172 人 (985,625) 人	22,112 人 (21,953) 人	2.28 (2.23)	2,97 (2037)	81.1 (77.6)
教育委員会	649,369 人 (658,741) 人	10,067 人 (9,648 人)	1.55 (1.46)	87 (77)	56.9 (50.7)

（注）　（　）は 2006 年 6 月 1 日現在の数値。
　　　国及び地方公共団体の法定雇用率は 2.1％。教育委員会の法定雇用率は 2.0％。
（出所）平成 20 年版『障害者白書』内閣府より作成。

より一層の雇用率向上が望まれます。

　教育委員会の法定雇用率は 2.0％とされています。しかし，その実態は 2006 年が 1.46％で 0.54％下回っており，2007 年はやや改善されているとはいえ 1.55％に過ぎず，0.45％下回っています。教育の分野に障害者が参画すること

は障害のある児童生徒だけでなく，健常な児童生徒にとっても大きな教育的な意味があります。法定雇用率を遵守するという観点からも早急な改善が求められます。

3　福祉的就労の現状と課題

（1）福祉的就労の現状

　福祉的就労は，何らかの障害があるために民間企業等での就労が困難な15歳以上の障害者が対象とされています。福祉就労の場としては授産施設と福祉工場，そして作業所に大別することができます。このうち，授産施設と福祉工場は福祉関係の法律に基づいて設置されています。就労の内容はそれぞれ異なっていますが概して軽易な作業や生産活動等が多く，授産施設，福祉工場，作業所ともに就労を通して社会的自立を図るという目的は共通しています。これらの施設を利用している人たちは約20万人（2008年10現在）とされています。

　福祉工場以外は雇用契約が締結されていないため，労働の対価は賃金ではなく，工賃として支払われています。その金額は月額で平均1万5000円程度とされています。また，職業的自立を図ることが目的とされていますが，実際に一般就労へ移行する人はごく少数に留まっているのが現状です。

（2）増加傾向の福祉的就労者

　特別支援学校の中でも高等部における知的障害のある者の数は近年著しく増加してきています。一方，卒業後の進路で就職する者の現状は低い水準に留まっています。知的障害者を対象とした養護学校（現・特別支援学校）卒業者について過去10年間の就職率を示したものが表6-3です。その内容は，1990年・40.7%，1995年・33.4%，2000年・27.0%，2001年・25.5%，2002年・23.7%，2003年・22.4%，2004年・23.2%，2005年・23.2%，2006年・25.3%，2007年・25.8%という状況になっています。つまり過去10年間の平均就職率は27.02%ということになります。このことは多くの卒業生が福祉的就労

表6-3 盲・聾・養護学校高等部（本科）卒業者の就職率の推移（各年3月卒業者）

単位・%

区分＼年	1990	1995	2000	2001	2002	2003	2004	2005	2006	2007
盲学校	27.6	18.3	13.7	12.6	13.3	11.9	11.9	17.0	14.4	12.4
聾学校	47.6	37.0	33.9	31.4	29.3	25.5	31.5	34.4	32.4	35.4
養護学校全体	35.5	29.1	23.0	21.8	20.3	19.3	20.1	20.1	22.4	22.9
知的障害養護学校	40.7	33.4	27.0	25.5	23.7	10.1	13.0	10.3	15.4	18.5
肢体不自由養護学校	20.2	13.0	7.4	6.5	22.4	23.2	23.2	25.3	25.8	6.6
病弱養護学校	18.6	18.0	8.6	8.0	6.0	6.4	6.1	7.7	7.7	6.1
盲・聾・養護学校全体	35.7	29.2	23.2	22.0	20.5	19.4	20.4	20.5	22.7	23.1

（出所）日本発達障害者福祉連盟編『発達障害白書2009年版』日本文化科学社より作成。

の分野，入所型の福祉施設あるいは在宅生活という結果になっていることを意味しています。事実，平成19年度の場合，就職者は23.1%であるのに対して福祉的就労者は57.8%となっています。福祉的就労者数は年々増加しており，絶対的な施設不足が深刻な課題となっていると言えます。

このような現状を克服するためには福祉，労働，そして教育の分野における連携を強化して，働く意欲と能力のある人たちに就労の場を確保していくことが緊急を要する課題として取り上げられるようになりました。

4　障害者雇用促進の新しい制度

（1）制度の骨子

このような社会的変遷の中で2007年11月に障害者自立支援法が公布されました。この法律は翌年の2008年4月から一部施行され，同年10月から全面施行されています。

この障害者自立支援法の骨子は，①障害者施策の3障害（身体，知的，精神）を一元化，②利用者本位のサービス体系に再編，③就労支援の強化，④支給決定の透明化，⑤安定的な財源の確保の5項目に整理することができます。

（2）制度の内容

　制度の内容は多岐にわたっていますが，ここでは福祉的就労の内容を中心に検討を進めることにします。

　障害者自立支援法により，福祉的就労から一般就労へ移行することが重要な目的とされました。具体的には，就労移行支援事業，就労継続支援事業（A型），就労継続支援事業（B型）が新たに創設されました。

　なお，従前から設置されている知的障害者授産施設は2011年度末までに新しいサービス体系（就労移行支援事業，就労継続支援事業（A型），就労継続支援事業B型）へ移行することになっています。新しい体系による各サービスの事業所は次のような内容です。

① 　就労移行支援事業所

　一般就労への移行に向けて，就労移行支援事業所内での作業や企業における実習，適性に合った職場探しや就労後の職場定着のための支援を行います。この事業所の利用期間は2年とされています。

　なお，相談窓口は各市町村，就労移行支援事業所，指定障害者相談支援事業所に設置されることになっています。

② 　就労継続支援事業所（A型）

　雇用契約に基づいて就労し，就労するに必要な知識や技術が備わった者に対して，一般就労への移行支援を行います。

　なお，相談窓口は，各市町村，就労継続支援事業所（A型），指定障害者相談事業所に設置されることになっています。

③ 　就労継続支援事業所（B型）

　就労や生産活動の場を提供し，一般就労に必要な知識や技術が備わった者に対して移行支援を行います。

　なお，相談窓口は，各市町村，就労継続支援事業所（B型），指定障害者相談支援事業所に設置されることになっています。

　障害者施策が福祉から労働へと転換されることになっていますが，就労に必要なきめ細かい支援，企業側の理解や協力，そして障害者本人に達成感や満足感を実感させることができるか否か，障害者自立支援法という新しい制度には

なお多くの課題も残されています。

5　学校から就労への移行支援

（1）基礎的・基本的事項の習得

　就労を通して社会参加することは自立への第一歩であり，その暁には生きがい感や成就感，達成感を実感できることにもつながります。そのためには学校，とりわけ特別支援学校の高等部在学中に社会人として必要な基礎的・基本的な事項を確実に習得しておく必要があります。

　具体的な内容としては読む，書く，計算する等の教科，領域の学習と日常的な対人関係を良好に保つための人間性を身に付けることが求められます。実際に働く場では，良好な対人関係を維持することができるか否かが極めて重要な意味をもつことになります。多くの事例から学ぶことができますが，基礎的・基本的な学力を持ち合わせていても良好な対人関係を保つことが困難な場合，就労の継続は困難になることが数多く報告されています。逆に，仮に学力的には不十分であったとしても良好な対人関係を保つことができれば就労を継続することができるという事例も数多く報告されています。

　社会へ参加するに際しては，日常的なあいさつはもとより，場面にふさわしい言動が求められます。学校生活を通して十分に身に付けておく必要があります。このことは教師にとって重要な課題の一つと言えます。

　次の文は，ある民間会社に就職した特別支援学校高等部卒業生から筆者に寄せられた手記です。会社での様子，とりわけ雇用主の配慮や同僚との人間関係が良好な状態にあることを読み取ることができます。またグループホームでの生活ぶりも安定していることがうかがえます。

事例　※原文のまま，ただし（　）の部分は筆者が補足

　先生，お元気ですか。私もお元気です。もう今年でこの会社に（へ就職して）10年になってしまったよ。この前（昨年）は9年目だったけど今年は10年目になった

よ。もうすぐ（来年は）11年になりそう。年（歳）も29になったから，新しい子（後輩）たちから，おばさんとよばれることがある，そんなときは私はまだおばさんじゃない，といいかえしてやる，すると本当のおばさんたちが，○○ちゃんはまだおばさんじゃないよね，と私の味方をしてくれる，そのはなしを聞いていたまわりの人たちがみんなわらいこけて，けっこうたのしいよ。この前，またあたらしいきかいが入ってきて，社長さんがみんなにおしえてやってくれと私にいうもんだから私はいっしょうけんめい（使い方を）れんしゅうした。ボタンがたくさんあってけっこうむずかしかった。だっておしえるほうがわからないとちょっとはずかしいからね。

それから，がいこくじんもこのごろふえてきて，言葉がわからんもん（分らないもの）だからはなしをしたくてもできないんで，こまることがよくあるけど，がいこくじんはみんなたのしそうに仕事をしている人ばかりで，とっても明るくて声が大きくて，何かはなしているときすごい手をうごかしたり目を大きくしたりするんで，それを見ているだけでなんだかたのしい気持ちになるよ。

こんどみんなでりょこうに行くからおみやげまっていてね。先生はいつもいそがしくてかえってくるのがおそいとおくさんがでんわでいってたよ。おくさんにしんぱいかけたらだめだよ。ともだちとテレビを見るじかんだからこれでグッとバイ。先生お元気で。

　　　　　　　　　　　　　　　　　　　　　　　　　　　　○○子より

それからわすれていたことを思いだした。このまえのおみやげ，みんなでたべたよ。けっこうおいしかった。ありがとう。こんどはどこへ行くの。おみやげまっているよ。こんどはほんとうにグットバイ。

（2）就労体験

卒業後の就労に際しては，働くということはどういうことなのか，実際に体験しておくことが重要になります。このことは高等部の学習指導要領にも就業やボランティアに関わる体験的な学習の重要性が指摘されており，「望ましい勤労観，職業観の育成や社会奉仕の精神の涵養を図る」ことが示されています。

この就労体験は，具体的には多くの特別支援学校において職場実習として実

施されています。数ある職域の中でどのような職域を選択するかが重要になります。前提としては本人の希望が優先されることになりますが，担任教師をはじめ進路担当教師による適性の見極めや保護者の意向も十分に反映されなければなりません。そして労働の環境や安全も重要な確認事項となります。

筆者の指導経験からも，本人の意向よりも教師や保護者の意向が優先された場合，実習体験そのものがマイナス効果につながってしまったという反省もありました。無理だから，現実的ではないから等の理由で本人の意向を抑えることは教育的とは言えません。仮に失敗したとしても，本人の意向に即しているならばその経験自体が貴重な学習として生かされることを指導者は心がけておく必要があります。

実際の就労は，実習を機会に雇用関係が成立することになります。それは本人がその仕事に何らかの魅力や意欲を感じる，雇用主も本人の特性や適性を見出すことができる，という双方の意思が合致した場合に就労という新たな段階への発展が可能となります。

6　今後の課題

先に述べたように，わが国における障害者雇用率は法律で1.8%と定められています。しかし諸外国では，たとえばオーストリア・4%，フランス・6%，ドイツ・5%，イタリア・7%，ポーランド・6%，ポルトガル・5%等の例を見ることができます。わが国と比較するとその差異は歴然としています。

障害の有無とは関係なくすべての人が働くことを通して社会に参加し，貢献していきたいという願いをもっています。とりわけ障害のある人たちには，この願いを現実のものとするために，克服しなければならない多くの課題が存在しています。その中には本人の努力ももちろん求められますが，社会全体として解決していかなければならない課題も少なくありません。とりわけ働く場を保障していくこと，そして働きやすい環境を整備していくこと，適切な待遇を保障すること等が特に重要な課題であると言えます。障害者が社会の一員として働くためには，家庭はもとより学校，職場，地域が連携して支援するととも

に，社会全体で理解し合い，協力し合える体制を構築していく必要があります。

参考文献

OECD編著，岡部史信訳（2004）『図表でみる世界の障害者政策』明石書店．

高齢・障害者雇用支援機構編（2006）『障害者雇用ガイドブック』社団法人雇用問題研究会．

日本発達障害者福祉連盟編（2008）『発達障害白書2009年版』日本文化科学社．

文部科学省編『平成19年度学校基本調査』．

（川上輝昭）

コラム4　海外での家族支援の状況（米国）

　米国の特徴の一つとして、教育省より資金提供を受け、6つの地域に親支援センター（the ALLIANCE：The Technical Assistance ALLIANCE for Parent Centers）が設置されています。障害のある0歳以上の乳幼児に向けた早期介入が国で制度化されていることを踏まえ、各州においてアセスメント・支援プログラムの開発が行われ、導入されていることが挙げられます。

　たとえばニューヨーク州では、家族支援を含んだ個別の教育プログラム（IEFP：Individualized Educational Family Program）が作成されたうえで、早期介入プログラムが実践されます。障害のある幼児の発達支援を支える家族に向けた支援については、保護者が専門機関より子どもの障害の告知を受けた後に、その後の発達支援サービス内容、ならびに家庭で家族が留意すべき項目について具体的に示されます。それらの具体的な助言は、不安と困惑の渦中である障害受容期にいる保護者を、子どもに向けた前向きな発達支援態勢をとる段階へと、なめらかに促す役割を担います。さらに、専門機関による診断後の個別教育サービスについては、同州では外国人であっても渡米の時期に関係なく、現地校、邦人系校のいずれの通学・通園を選択した場合でも保障されます。個別教育プログラム（IEP：Individualized Educational Program）を決定する会議には、教育関係者、専門家、保護者、保護者が必要であると認めた人物に加え、可能であれば本人も出席します。さらに、保護者には再度の診断ならびに他の教育機関に向けての要望提出も認められています。

　また、フロリダ州ではマイアミ大学がCDC（The Centers for Disease Control and Prevention）と協力し、南フロリダにおける自閉症児数を把握するための調査（UM-ADDM）プロジェクトが進められています。同調査で得られた情報などを活用し、UM-CARD（マイアミ大学内に位置する、自閉症とその他の発達障害のための施設）では、自閉症について家族の理解を促すためのペアレント・トレーニングが実践されています。

　さらに、ノースキャロライナ州では、ショプラー教授を中心とするスタッフがTEACCH（自閉症児支援プログラム）を積極的に行っています。そこでは、保護者を共同治療者として位置づけ、地域を基盤にして家族への支援がなされます。たとえば子どもが幼児期の前半にいる場合は、早期診断・障害受容期の情緒的サポート・親訓練とカウンセリングが行われます。TEACCHの専門治療者は、親子関係の強化を促すことと併せて、家族が適切に子どもに実際的・具体的に対応できるよう、親訓練を通して支援を進めていきます。

（高尾淳子）

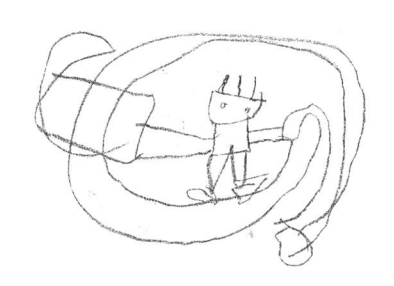

第7章
障害児の地域支援

　本章では，学齢期から青年期あるいは壮年期へと，筆者が主宰して始まった地域支援活動で，青年期から壮年期までを対象とした余暇支援活動を通して，幼児期，学齢期にフィードバックできる内容になればと実践例を中心に進めていきます。教師がサポートする余暇支援活動と親子サークルを合わせた活動ですが，本著の幼児期からの支援をテーマにするにあたって，ライフステージを考える参考になることも多いと考えます。
　最初に，ここ数十年の障害児・者を取り巻く社会環境を簡単に整理しながら，学齢期以降の家庭生活と余暇活動の考察，本章の中心となる15年間の余暇支援活動の実践例，それからまとめへと進めていきます。義務教育から青年後期，壮年期まで，ライフステージの中の一部ですが，障害のある幼児期，学童期の子どもや保護者が今後，直面して行くと思われる課題解決のヒントとなるのではないかと思います。

1　青年期以降の地域支援と余暇活動支援

(1) 障害児・者を取り巻く環境の流れ

　まず，ここ数十年の障害児・者を取り巻く環境の流れを先に，確認しておこうと思います。後述の本章の中心になる余暇活動支援の実践例は，1995年から15年間続いています。このスタートとなった年は，隔週週休2日制が始まった年で，「国連の障害者の10年」によってノーマライゼーションの浸透が始まった頃です。その後障害の理解を考える上での理念は急速に進展して行きますが，さらに加速したのが2001年に国連が障害者の権利条約委員会の設置，教育現場では特別支援教育への移行への準備が2002年の完全学校週5日制へ

第 7 章　障害児の地域支援

表 7-1　障害者をとりまく状況

	教育	福祉・雇用・	国連の動き	学校の動き
1960 年		身体障害者雇用促進法		
1976 年	養護学校の義務化	身体障害者雇用促進法改正		
1981 年			国連障害者年 1983〜1992 年 国連障害者の十年	
1987 年		障害者雇用促進法に変更		
1992 年				月 1 回土曜休みスタート
1993 年	通級指導の制度化			
1995 年				隔週週休 2 日スタート
1997 年		雇用率の算定機銃に知的障害者が加わる		
2001 年	特殊教育から特別支援教育へ　21 世紀の特殊教育の在り方について最終報告		障害者の権利条約委員会の設置	
2002 年				学校完全週 5 日制スタート
2003 年	今後の特別支援教育在り方について最終報告			
2005 年	中央教育審議会「特別支援教育を推進するための制度の在り方について」答申	発達障害者支援法施行		
2006 年	学校教育法等の一部改正		障害者の権利条約採択	
2007 年	特別支援教育が正式に実施			

の移行と同時にすすめられてきた頃です。表 7-1 は障害児・者を取り巻く主な流れについて筆者がまとめたものです。

(2) 学校完全週 5 日制と障害児・者の地域支援

　月に 1 回学校が土曜休みになったのは 1992 年ですが，この頃から子どもた

ちの家庭生活や休みの過ごし方をどうするのか論議が盛んになってきましたが，その頃の発達障害のある子どもたちの余暇の活動はどうだったのかというと，学校のクラブ活動や部活動にもなかなか参加できずにいましたし，地方都市では受け皿となるサポート体制は，ごく少数で限られていたのが現状でした。同時に問題となったのは，後期中等教育終了後の青年期を向えた発達障害者です。乳幼児期から学齢期の発達障害のある子どもたちを考えるにあたっては，将来を見据えた視点，論点も必要になりますので，次に青年期の家庭生活と余暇活動について考えてみます。

2　青年期の家庭生活と余暇支援

(1) 青年期の家庭生活

　障害者の青年期は，健常者の期間より長く遅くなると考えるのが一般的ですが，その後も壮年期へと成長発達していきます。そのために後期中等教育から卒業後の障害者の青年期は，家庭を中心とした教育機関の生活から，企業や福祉施設等の就労先へと生活範囲が広がり，ライフステージの中でも大きな変化を乗り越えることになります。

　1981年の国連障害者年から，2006年の障害者自立支援法の施行まで，ここ近年の障害者を取り巻く環境は大きく変化してきました。特に施設から地域へ，措置から支援費制度の流れの中で，従来の行政や支援組織だけでなく障害福祉事業サービスも参加し，自立訓練的支援や介護サービスを受けることができます。しかし，充実するまでには，まだ時間が必要であり課題も多く，その一つに地域格差があります。都市部では，障害者スポーツ，土曜スクールなどさまざまな支援団体の取り組みが行政サービス以外にありますが，地方都市では，少しずつ充実してきましたが，青年学級等，保護者を中心に行政とタイアップした障害者の余暇支援活動が支えているというのが現実です。

(2) 家庭生活の実態

　では　実際の障害者の青年期はどのような家庭生活を送っているかという

と，筆者の関係した卒業生の聞き取り調査では，テレビ，CD，ビデオ鑑賞といった室内で過ごすことがほとんどであり，趣味（スポーツ，絵画，音楽，手芸，写真，陶芸など）をもって過ごす人はごく少数になります。しかし，最近ではレスパイトサービスや介護サービスを利用して介護者と買い物や行楽，自転車の乗り方を習うサービスを利用するなど家庭生活に広がりが徐々に見られます。企業就労した障害者の中には，健常者同様，カラオケや飲食，仲間と日帰り旅行に出かけるなど生活を拡げていく姿も多く見ることができます。

（3）青年期の地域支援

障害者の余暇活動のタイプを整理してみますと，次のよう分類することができます。閉じこもり型，家族同行型，介護・ボランティア同行型，個人行動型，仲間と行動型と後へ行くほど自立的と考えられ，他者との関わりが多くなり完全な社会参加へ近くなると考えられます。

支援の形態は，行政支援型，NPO・ボランティア参加型から家族支援のみで余暇を過ごせるまでさまざまですが，その内容も介護的・訓練的な地域支援から文化・スポーツ活動，仲間作りへと幅を広げていくことになります。行政支援型としては，各地にある青年学級，障害者スポーツ等が代表的であり，NPO・ボランティア参加型としては，養育キャンプや土曜スクールに代表される地域支援などがあります。

最終的には　支援を必要としない余暇活動ができれば良いのですが，青年期の援助支援による成長発達が，その後の壮年期の社会へのかかわりや参加の内容に大きな影響を与えると考えられます。青年期の発達に最も重要な外的リソースは，他者との関わりであり，仲間作りが大切なキーワードとなります。本人にとって親身になって一緒に考え行動してくれる支援者や仲間がいることの安心感は，本人だけでなく家族にとっても重要です。

3　余暇支援のサポーターとして

(1) 実践のスタート：「小さなひとり旅の会」

　1995年に「小さなひとり旅の会」を筆者が立ち上げたのは，その2年前から続けていた先の卒業生の実態調査開始から構想が始まります。卒業生の多くは，自発的に外へ出向くことが少なく，特に障害の重い卒業生ほど家族が連れ出さない限り外出することはないという実態や軽度発達障害のある子どもたちも，さまざまな問題を抱えて家庭や地域で生活をしています。

　そこで，筆者が余暇の活用をサポートできないかと思いスタートさせたのがこの実践です。以前から特別支援学校や特別支援学級の教師が同窓会を主催しながら卒業後の支援を続ける活動が多々ありましたが，スタートした時点では，その延長線にある活動だと思います。

　1995年の4月に花見とバーベキューからスタートしましたが，当初は，卒業生と現役の生徒も一部参加し17名の参加でスタートしています。筆者もその頃はまだ30代後半と体力もあり，ひとりで場所の確保から買い物のなどの準備進めることができた時代です。その頃の活動を見てみますと，ハイキング，キャンプ，スポーツ少年団との交流会，牧場見学，鉄道を使った日帰り旅行，1泊2日の温泉旅行，昼食会，ボウリング大会などが中心で，当時は，自立生活を目標に体験を通して生活を広げていく活動が主です。6年経った頃，参加人数が回を重ねるごとに増えて30名を超えてきます。その頃から教師と付き添いの母親数名には，安全面や準備，活動のサポートで限界が生じてきます。ちょうど，2002年の学校完全週5日制がスタートする前年です。そこで，常に付き添いで参加している保護者の中から親の会を結成する話が持ち上がり，運営を一任する形へと発展して行きます。

（2）親の会の運営で再スタート

　国連では障害者の権利条約委員会が設置され，多くの保護者の意識も大きく変化してきた頃です。「小さなひとり旅の会」の発足当時は，ひとりで参加するのが目的で親の手から離れ自立して行くのが目標だったのですが，重度の障害をもった子どもたちの保護者は常に同伴で参加です。大所帯になった会の行く末を考え，親がボランティアを務めながら会を運営できないかと考えたようです。また，協力者に同じ特別支援教育に携わる教師も新たに参加し，行政に登録するボランティア団体として再スタートです。

　会費制の導入に傷害保険の充実とさらに発展した会となるまでに6年間という相当の時間が経っています。

　この会に参加している30名の半数以上は福祉就労の障害のある卒業生で，発足当時は担任教師指導型の同窓会組織でしたが，母親の会主導型へ移行し，子どもたちの活動と同時に母親同士の親睦会を兼ねた地域サポーターとの二系列で機能するようになっていきます。

　発達障害のある子どもたちの集まる会ではありますが，母親同士のつながりもまた有意義なもので，個々の障害別に，あるいは作業所単位でそれぞれに親の会などに参加している保護者ですが，それぞれの立場を離れ，より広範囲の情報交換や精神的にお互いがサポートし合う親睦を兼ねた親の会へと発展しながら卒業生である子どもたちの会と同時に充実していきます。

　しかし，その後大きな問題に突き当たっていきます。一部の重い障害をもつ子どもたちが公共交通機関を使った遠足やハイキングといった体力づくりも同時に行おうと考えていた行事から，最近の活動内容は，年2回の日帰りバス旅行，ボーリンク大会，新年会などで親子ともども楽しむ余暇支援活動が多くなってきています。今考えると，ダウン症の卒業生は，その頃が体力のピークだったようです。やや短いライフスタイルを考えながらの余暇支援を考えなく

てはなりませんので，ハイキングがバス旅行へ，年に1回が数年前からは年に4〜5回の活動の内2回はバス旅行へと活動内容が変化して行くのも当然だったと考えられます。

他にも15年間の活動の中でさまざまな課題が次から次へと出てきます。その一つに，軽度の発達障害のある青年期以降の課題も見えてきます。次に，その見えない困り事に悩む軽度発達障害のある卒業生の実態です。

（3）軽度の発達障害のある子どもたちは

15年の年月の間に，軽度の発達障害のある子どもたちの一部は，会を去っていきますが，理由は行事の内容に魅力がなくなってきたのだと考えられます。青年期以降の発達は，確かにややゆっくりではありですが，当然成長していきます。

生活に広がりが出てきて，多様な余暇を楽しむようになった軽度の発達障害のある卒業生は，職場の友人とカラオケや旅行，映画やコンサートなどの鑑賞やスポーツ観戦，あるいは自己啓発にさまざまな教室や講習会に参加するなど多様な生活へと変化していきます。

このように会から離れていくのは，ある意味嬉しいことなのですが，何度も会に参加したり不参加を繰り返しする卒業生もいます。こういったパターンは，何かの問題があるのだと察しがつくのですが，定期的に卒業生に電話を入れていると，実は意外なことに悩んでいる姿が見えてきます。中学校の特別支援学級で，当時担当した軽度の発達障害のある子どもたちの多くは，卒業後，高等養護学校や職業訓練校あるいは，卒業後，企業就労した子どもたちですが，企業内での自分の置かれた立場や仕事内容，あるいは，上下関係も含めて同僚や派遣社員やパートとの人間関係に悩み，あるいは最低賃金のままサービス残業の半強制的な強要，最近では，福祉施設でボランティアと称する無償労

働など話は尽きないほどです。

　これらの問題は，解決が難しく話し合えばという簡単なものではありません。なぜならば，解雇が待っているからです。最近では実際にリストラされる卒業生も多くなってきました。軽度発達障害のある青年期以降の障害者の再就労は，サブプライム問題以降，地方では特に非常に困難となっているからです。そこで，この卒業生たちのサポートを考えてみます。

（4）青年期以降の余暇の現状

　最初の卒業生がすでに38歳になり，一般的には青年から壮年と言われる年代に達してきます。先に述べた軽度の発達障害のある青年期以降では，個々に趣味をもったりしながら，仕事の休日を楽しんでいます。しかし，聞き取りでは，在学中から卒業後も続く友人と余暇を楽しんでいることが多く，特別支援学校の先輩後輩の関係であり同級生が中心の仲間です。これらの卒業生は，まだひとりでは自分自身の悩みや困り感を解決できないと言えます。友達や仲間であっても，お互いの悩みや困り事の解決が難しく人間関係は稀薄だと考えられます。中には，職場の同僚と余暇を楽しんでいる卒業生もいますが，特別支援学校の先輩であったり，同級生であったりします。障害によっては，電車の旅に毎週出かけることを楽しみにしている卒業生もいますが，障害のない仲間とのつながりはまれであったりするのが現実です。

　確かに親の会や行政主体の青年教室等のサポート態勢はありますが，その中では満足できない軽度発達障害のある青年期以降の問題が見え隠れしているのは事実です。

（5）当たり前の青春を味わう：のんべえの会

　そこで2008年から「のんべえの会」を立ち上げました。成人を過ぎて，青年期までの生活から少しずつ普通に大人の生活も楽しむようになってきた障害のある卒業生の集まりです。一般にはコンパだとか合コンだとかの部類ですが，障害のある者も楽しみたいという思いは当然あります。青年期以降では，性の問題や結婚を意識し，大きな課題ともなります。中には，大人になったら

Ⅱ　学齢期における障害のある子ども支援

先生と居酒屋で一杯やりたいという夢をもっていたりもします。同窓会と称しての飲み会など同じように楽しみたいと思いながらも，自分たちでは場の設定ができないためにチャンスがなく，筆者の顔を見るたびに請求されていましたので，思い切ってこの会を立ち上げたのです。この会は，青年期以降をサポートする一つのスタイルだと考えています。

　会の場所は一般的な炉端焼きの居酒屋ですが，アルコールを飲む，飲まないに関係なく参加できます。主宰する会のメンバーに呼びかけて参加者を募りましたが，17名でのスタートとなりました。おのおのが友人を連れてきて，3分の1が新しい仲間として参加したメンバーです。写真はそのときの様子ですが，ずいぶん大人になっている姿にある意味喜びを感じましたが，会場の予約，メンバーへの連絡や予算の決め方など，やはりリーダー格になる卒業生にも任せることはできないのが現状でした。参加人数が固定されていないときはどう判断するのか，店の予約はどう取るのか，集合時間と場所の決め方など，青年期から壮年期になってもサポートが必要であることには違いがないようです。少しずつサポートしながら，やがては自分たちの力で会をもたせてやりたいものですが，時間はかかりそうです。

　こういったサポートは，今後に課題も多く出てくると考えられますが，この実践は始まったばかりですので，もう少し様子を見ていきたいと思います。

（6）新たなる挑戦：七五三（なごみ）の会

　「小さなひとり旅の会」を立ち上げてから，参加者はやや固定化してきましたが，その後も筆者の担当した卒業生は，毎年数名ずつ増えていきます。少し活動内容が固定化し，経費のかかる行事内容が，若い世代の子どもや保護者にとっては，常時参加がネックになることもあります。

　そこで，若い世代の保護者に呼びかけて，新たなる「七五三の会」の発足を

第7章　障害児の地域支援

呼びかけたところ一度に親子そろって30名以上が参加する会となったのです。

「小さなひとり旅の会」では，保護者の平均年齢が還暦近くになってきたことを考えると，30代後半から40台前半の若い世代の保護者は，非常にアクティブです。「小さなひとり旅の会」も結成当時は確かにそうでしたが，「七五三の会」では，自治体の行事であるシティーマラソンへの参加や，本格的なバーベキューといった活動内容，また，連絡は携帯メールの一斉配信を使うなどアイディア豊かに，しかも経費をかけないように工夫する姿が見えます。

さらに，この15年間の大きな時代の変化も垣間みることができます。それは，数名ですが父親の参加があるということです。このことは，意味ある大きな時代の流れだといえ，徐々に家族全員で障害のある子を育てる共育の姿が浸透してきたとも言えます。フレッシュなスタートです。　しかし，長年続く「小さなひとり旅の会」では，新たな課題が出てきます。

(7) 2度目の転機を向える

この両会は，筆者の卒業生が中心に集まっていることから，広汎性発達障害，知的障害，そしてダウン症というさまざまな障害のある子どもたちが集まっています。その中で，最近初めて経験したことが，親の死です。彼女は，ダウン症の卒業生ですが，長くこの「小さなひとり旅の会」を引っ張ってきてくれた会長さんの娘さんです。

筆者が特別支援教育に携わりかけた頃は，親より短い平均寿命といわれていましたが，近年の医療の発達は目を見張るばかりです。そのために重い障害を

183

もちながらも親の死を迎えなくてはなりませんでした。父親の四十九日が過ぎても認められなくて作業所を休み，この会にもなかなか身体が動かずに参加できなくなってきています。同時に保護者も会長を辞退したいとの申し出がありました。すべての役員の総まとめ役の会長を9年もの長い間，引き受けてもらい会の牽引者でした。さらに，これを機会に他の役員の保護者も順番に降りたいとの申し出もあります。なかなか会には参加しなかった還暦を過ぎた父親もまた，障害のある子どもたちや母親にとって重要なサポーターであったのだと改めて考えさせられる出来事だとも言えます。

　今後，会の運営，存続を考えなくてはなりませんが，縮小して人数を減らすわけには行きませんから，さらに行事や活動内容の精選，場所に時間など工夫が必要になってきます。「豊かで主体的な自立生活」を支援していくのにはまだ課題が多くありますが，青年期以降もいかに社会との接点を多くもち活動できるかが大切です。しかも，そのキーパーソンである家族，特に母親支援もまた，以上のことからも重要な課題だと言えます。

4　今後の課題と方向

　「発達障害者支援法」が施行されましたが，これまで障害者福祉ではカバーできなかった発達障害のある子どもや成人が支援の対象に位置づけられるようになりました。幼少期から青・壮年期，老年期までの各年代を通して継続的な援助を行うのが目的です。しかし，成果はあるものの課題も多く，今後，この法がどう見直しが検討されていくのか注目したいと思います。

　この法律では，都道府県や政令指定都市に「発達障害者支援センター」設置や「個別の支援計画」も含まれ，これまで福祉，医療，教育の各分野でばらばらに行われていた施策をトータルに結びつけるコーディネーターや専門職の充実がいわれています。ライフステージにわたってサポートする体制は，まだこれからであり，さまざまな問題の中には，各自治体の取り組みに格差が生じていることもあります。また，幼児期や学齢期，後期中等教育に比べ，青年期以降の壮年期老齢期の支援の立ち遅れが目立ちます。

今後の課題として，軽度発達障害の青年期からその後の人間として当たり前の余暇の活用をサポートまで手が付けられるには，個々で紹介した実践活動の様な草の根的な活動もまだ続き，不可欠だと考えます。同時に家族をどう支えるかも重要な課題です。我が子の障害に直面した親たちが孤立しないように乳幼児期からライフステージを通したサポート体制を継続的に進め充実させる必要があります。

　日本の発達障害者支援の歴史は，まだ始まったばかりだと言えます。長年にわたって地域支援の一つとして余暇活動支援を続けている中で，各省庁の横の連携や自治体，NPO法人を含む各支援団体，医療，教育，福祉，雇用それぞれの立場を超えたシステムづくりは当然必要です。

　しかし，それ以前に，人の心が，かよい合う連携が強く求められているのではないかと思います。体制やらシステムを生かし機能させるのは，やはり人の心です。

（渡部秀夫）

おわりに

　今回，ミネルヴァ書房から発達障害のある子どもの保育と教育に関する試みの本を刊行することができました。編著者としてはじめは逡巡しましたが，日頃お世話になっている先生方とこのような本を世に出すことができたことを今はありがたく思っています。それは，私たちの共同作業が全国の障害児の保育や教育に熱心に携わって見える先生に発信し，たとえ僅かであってもその実践の質が向上することになり，しいては子どもたちの発達になればと考えるからです。

　ところで，こんな記事が新聞に載っていました。愛知県Ｔ市に住む主婦から寄せられた「娘の成人式に」という綴りです。

> 少し遅れて1月末に自閉症の娘の成人式がありました。特別支援学校を卒業した仲間たちでのお祝い会です。会場の借り上げから，食事やバンド演奏の依頼，飾り付けまで親たちが手作りで準備しました。当日は23人の新成人に，その数よりもたくさんの先生方や親たちが集まりました。『大きくなったね』『背広姿がかっこいいね』楽しい会話がはずみ，小学部の時のビデオに思い出の花が咲きました。バンド演奏に合わせて踊る人，会社の仕事を自慢げに話す人，と新成人もそれぞれに楽しんだようです。じっとしていることが苦手な娘も，ニコニコの笑顔で過ごすことができました。これまで娘を育ててきて大変なことはいっぱいありましたが，こうして笑い合える仲間がいて，娘の成長を喜んでくださることの幸せを，改めて感じました。障害者の親の思いを歌った『ささやかな願いだけど，あなた（子ども）より1日だけ長生きがしたい』という歌詞に共感したこともありました。でもやはり生きていることは素晴らしい，と今では思うのです。『20年生きてきてこんなにいいことがあったのだもの，これからも元気にがんばっていこうね』と娘に語りかけたくなる1日でした。

　この綴りからは，娘さんとともに苦労をしている親，その親が周りの人々の助けを借りて前向きに生きてきた，生きていこうとする姿を，そして，一歩ずつ確かに成長してきた娘さんの姿を見ることができます。保育や教育は，子どもたちの発達を保障することを目的としますが，親を支えつつということを改

めて考えさせられるのではないでしょうか。

　さらに，20年間娘とともに力いっぱい生きてきた親の子育て愛も伝わってきますが，と同時に青年期までのライフステージの移行を考えさせられます。本書の題名でもあります幼児期（保育）・学齢期（教育）のトータルな見方が今日非常に求められる時代になってきています。

　本書の障害児保育と障害児教育の歩みで紹介された先駆的実践の中には現代まで語り継がれる名言を残している先人がいます。たとえば近藤益雄は「のんき　こんき　げんき」，糸賀一雄は「この子らを世の光に」です（中野善達・小川英彦ら『障害者教育・福祉の先駆者たち』麗澤大学出版会，2006）。このような障害児の教育福祉実践の積み重ねをこれからも大切にしつつ，さらに切り拓いていくことが課題になっていると思われます。

　末尾になりましたが，本書を刊行するにあたり，たいへんお世話いただきましたミネルヴァ書房編集部の浅井久仁人氏には，心より御礼申しあげます。

　　　　　　　　　　　　　　　　　　2009年11月　編著者　小川英彦

執筆者紹介（執筆担当）

小川 英彦（おがわ・ひでひこ，編著者，愛知教育大学）　第1部第3章，第2部第2章，第3章

山﨑由可里（やまさき・ゆかり，和歌山大学）　第1部第1章

野村 敬子（のむら・けいこ，名古屋文化学園保育専門学校）　第1部第2章

新谷 瑞恵（しんたに・みずえ，岡崎市福祉事業団若葉学園指導員）　第1部第4章

平岩ふみよ（ひらいわ・ふみよ，［岡崎市］竹の子幼稚園園長）　第1部第5章

鈴木 方子（すずき・まさこ，名古屋女子大学）　第1部第6章

林　 牧子（はやし・まきこ，愛知教育大学）　第1部第7章

張　 穎槇（ちょう・えいしん，兵庫県教育委員会・多文化共生サポーター）
　　　　　　　　　　　　　　　　　　　　　　　　　　　　第2部第1章

志賀 史郎（しが・しろう，元名古屋市立小学校教諭）　第2部第4章

玉置　 寛（たまき・ひろし，名古屋市立西養護学校教諭）　第2部第5章

川上 輝昭（かわかみ・てるあき，名古屋女子大学）　第2部第6章

渡部 秀夫（わたなべ・ひでお，一宮市立大和中学校教諭）　第2部第7章

児玉れい子（こだま・れいこ，［名古屋市］喜多山幼稚園教諭）　コラム2, 3

高尾 淳子（たかお・あつこ，愛知教育大学大学院）　コラム1, 4

幼児期・学齢期に
発達障害のある子どもを支援する
――豊かな保育と教育の創造をめざして――

2009年11月30日　初版第1刷発行　　　　　　　　検印廃止

定価はカバーに
表示しています

編著者　小　川　英　彦
発行者　杉　田　啓　三
印刷者　藤　森　英　夫

発行所　株式会社　ミネルヴァ書房
607-8494　京都市山科区日ノ岡堤谷町1
電話(075)581-5191／振替01020-0-8076

©小川英彦ほか，2009　　　　　　　亜細亜印刷・清水製本

ISBN978-4-623-05520-3
Printed in Japan

よくわかる特別支援教育

―――――湯浅恭正編

● 特別支援教育の入門書。制度の紹介はもとより、教育課程、授業づくり、学級経営・学級づくりといった実践に重きを置いた。教員志望者だけでなく、現場教員にも有用。
B5判　220頁　定価2520円

特別支援教育の現状・課題・未来

―――――冨永光昭・平賀健太郎編著

● 特別支援教育の未来を探る――。新しい法制度、新しい資料をふまえて様々な角度から現状を検証、各分野第一線の執筆者が、特別支援教育のあり方を展望する。
A5判　340頁　定価2940円

「気になる子ども」の教育相談ケース・ファイル

―――――新井靖英著

● 非行・ひきこもりなども含めた特別支援教育の事例を紹介、その事例を検討するプロセス・支援方法を、ワークシートも用いてわかりやすく解説する。
B5判　180頁　定価2310円

教職論［第2版］――教員を志すすべてのひとへ

―――――教職問題研究会編

●「教職の意義等に関する科目」の教科書。教職と教職をめぐる組織・制度・環境を体系立ててわかりやすく解説した、教職志望者および現場教員にも必読の一冊。
A5判　240頁　定価2520円

教師　魂の職人であれ

―――――森田　薫・原　清治著

● 学校と教師へ贈るエール　教員志望者必読の一冊。小中学校、養護学校長など長い教員生活のなかで体験した、いい話や反省すべきこと、子どもたちの元気な姿を、笑わせ・泣かせながら今日的なテーマとからめて紹介する。また、それぞれのエピソードを教育学的に考察、現代日本の教育的課題も浮き彫りにし、わかりやすく解説。
四六判　260頁　定価1890円

―――― ミネルヴァ書房 ――――

http://www.minervashobo.co.jp